Direita e esquerda
Razões e significados de uma distinção política

FUNDAÇÃO EDITORA DA UNESP

Presidente do Conselho Curador
Mário Sérgio Vasconcelos

Diretor-Presidente
Jézio Hernani Bomfim Gutierre

Superintendente Administrativo e Financeiro
William de Souza Agostinho

Conselho Editorial Acadêmico
Danilo Rothberg
Luis Fernando Ayerbe
Marcelo Takeshi Yamashita
Maria Cristina Pereira Lima
Milton Terumitsu Sogabe
Newton La Scala Júnior
Pedro Angelo Pagni
Renata Junqueira de Souza
Sandra Aparecida Ferreira
Valéria dos Santos Guimarães

Editores-Adjuntos
Anderson Nobara
Leandro Rodrigues

Norberto Bobbio

Direita e esquerda

Razões e significados de uma distinção política

Tradução
Marco Aurélio Nogueira

3ª edição

© 1994 Donzelli Editore
Título original em italiano: Destra e sinistra.
Ragioni e significati di una distinzione politica

© 1995 da tradução brasileira:
Editora UNESP da Fundação para o Desenvolvimento
da Universidade Estadual Paulista (FUNDUNESP)

Praça da Sé, 108
01001-900 – São Paulo – SP
Tel.: (0xx11) 3242-7171
Fax: (0xx11) 3242-7272
www.editoraunesp.com.br
www.livrariaunesp.com.br
atendimento.editora@unesp.br

CIP-Brasil. Catalogação na fonte
Sindicato Nacional dos Editores de Livros, RJ

B637d
3.ed

Bobbio, Norberto, 1909-2004
  Direita e esquerda: razões e significados de uma distinção política / Norberto Bobbio; tradução Marco Aurélio Nogueira. – 3.ed. – São Paulo: Editora Unesp, 2011.

  191p.

  Tradução de Destra e sinistra: ragioni e significati di una distinzione politica

  Apêndices
  Inclui bibliografia
  ISBN 978-85-393-0081-5

  1. Direita e esquerda (Ciência política). 2. Sociologia política. 3. Ciência política – Filosofia. 4. Nacionalismo. 5. Liberalismo. I. Título

10-6506.   CDD: 320.5
                                                            CDU: 321

Editora afiliada:

Sumário

Introdução à nova edição, 1999   7

Resposta aos críticos, 1995   25

Prefácio à primeira edição italiana, 1994   45

1 A distinção contestada   49

2 Extremistas e moderados   67

3 A díade sobrevive   79

4 Em busca de um critério de distinção   89

5 Outros critérios   95

6 Igualdade e desigualdade   111

7 Liberdade e autoridade   127

8 A estrela polar   137

Apêndices

1 Fukuyama, o motor e o fim da história   149

2 Uma discussão com Perry Anderson   159

   O sentido da esquerda, de Perry Anderson   159

   Ao início da história, de Norberto Bobbio   174

3 Traduções de *Direita e esquerda*   189

Introdução à nova edição, 1999

Quando a primeira edição deste livro veio à luz, em 1994, seu inesperado e imprevisível sucesso me surpreendeu. As teses então defendidas foram submetidas a tantas críticas e tiveram tanta repercussão que logo se tornou necessária uma segunda edição, surgida no ano seguinte com a informação "revista e ampliada com uma resposta aos críticos". A partir disso, para falar com alguma liberdade, o afortunado livreto deu a volta ao mundo. Foram já anunciadas, e em sua maioria já publicadas, dezenove traduções, não só nos países europeus, mas também na América do Sul e na Ásia.[1] Sinal evidente de que a díade continuou a exercer grande atração e a ser animadamente discutida. Lançamos agora, com renovado assombro, esta nova edição, cujo texto é idêntico ao precedente, salvo uma ou outra correção formal. Ela traz, porém, como novidade, tanto um conjunto de apêndices – que compreendem um novo escrito sobre o tema e uma troca de cartas entre o autor e Perry Anderson, diretor da *New Left Review* – quanto esta introdução, que procura apreciar sumariamente o ininterrupto, vasto e muitas vezes inflamado debate sobre o tema travado nos últimos anos.

Só na Itália foram lançadas duas coletâneas de ensaios sobre o assunto – *Destra/sinistra. Storia e fenomenologia*

---

1 Ver a relação completa no Apêndice 3 da presente edição.

di una dicotomia política (1997) e *Destra e sinistra, due parole ormai inutili* (1999) – e três livros: *Sinistra e destra, risposta a Norberto Bobbio* (1995), de Marcello Veneziani, *Destra e sinistra. La natura inservibile di due categorie tradizionali* (1998), de Costanzo Preve, e *Destra e sinistra. Un'analisi sociologica*, de Ambrogio Santambrogio (1998).[2] Foram também publicadas diversas resenhas da edição italiana e das traduções, especialmente em inglês e em alemão.[3] São numerosos os artigos em jornais e revistas.[4]

Novamente saíram a campo aqueles que continuam a afirmar a atualidade da distinção e a validade do critério que adotei,[5] em contraste com aqueles que a negam e a

---

2 Eis as indicações completas dos livros mencionados, segundo a ordem de publicação: M. Veneziani, *Sinistra e destra, risposta a Norberto Bobbio*, Firenze: Vallecchi, 1995; A. Campi, A. Santambrogio (org.) *Destra/sinistra. Storia e fenomenologia di una dicotomia política*, prefácio de A. Negri, Roma: Antonio Pellicani Editore, 1997; C. Preve, *Destra e sinistra. La natura inservibile di due categorie tradizionali*, Pistoia: Edizioni C.R.T., 1998; A. Santambrogio, *Destra e sinistra. Un'analisi sociológica*, prefácio de F. Crespi, Roma-Bari: Laterza, 1998; D. Antiseri, L. Infantino (org.) *Destra e sinistra, due parole ormai inutili*, Soveria Manelli: Rubbettino, 1999.

3 Indico algumas delas: F. Livorsi, "Destra e sinistra secondo Bobbio", *Belfagor*, v.I, n.1, p.93-8, 31 de janeiro de 1995; A. Lepschy, "Divagazioni e geometria. A proposito del saggio *Destra e sinistra* di Norberto Bobbio", in *Atti dell'Accademia Patavina di Scienze, Lettere ed Arti*, v.CVII, 1994-1995, parte II: "Memorie della Classe di Scienze Matematiche e Naturali, p.41-53, onde se considera a possibilidade de interpretar com simples figuras geométricas alguns dos conceitos por mim utilizados; G. Bergami, "Ragioni di una dicotomia per Norberto Bobbio", *Il Ponte*, v.LI, n.10, p.158-61, outubro de 1995; T. W. Gold, *American Political Science Review*, v.92, n.1., p.199, março de 1998; J. Gray, "The Defeat of Reason", *The Times*, 15 de novembro de 1996, p.21.

4 Entre os quais E. Peyretti, "Destra e sinistra, violenza e non violenza. Cercando un criterio político", *Il Foglio. Mensile di alcuni cristiani torinesi*, v.XXV, n.3, p.1-2, março de 1995; M. Walzer, "Sinistra USA, scendi dal piedistallo", entrevista concedida a G. Bosetti, *L'Unità*, 15 de maio de 1995; A. Sofri, "Caro Bobbio, la sinistra è libertà", *Panorama*, 21 de maio de 1998, p.258.

5 Numa entrevista concedida a Giuseppe Cantarano, Pietro Barcellona confirma a importância da distinção, não obstante a confusão atual,

consideram "inútil" e "inservível", como se pode depreender de alguns dos títulos mencionados, ou que aceitam a oposição entre as duas partes do espectro político mas propõem um diferente critério para distingui-las. Ganhou força também a ideia de que direita e esquerda tornaram-se hoje, pura e simplesmente, "recipientes" em que se depositou um conteúdo qualquer, e portanto não são conceitos, mas apenas palavras suscetíveis de assumir diversos significados conforme o caso.[6]

---

esclarecendo que são características da direita a consideração do indivíduo como átomo isolado, o primado da economia de mercado sobre a sociedade, a personalização da autoridade ("Vento di destra, ragioni della sinistra", *Tempo Presente*, n.167, p.35-7, 1994). Salvatore Veca afirma que o ponto de partida da esquerda é a instituição de uma igual liberdade, mas acredita que seja necessário um igual valor para que se reduzam os efeitos das circunstâncias econômicas, sociais e culturais que minam a dignidade da pessoa ("Un argomento per la sinistra europea", *Iride*, v.X, n.22, p.399-403, dezembro de 1997). Richard Rorty, numa recente entrevista, sustentou que "a distinção entre direita e esquerda no fundo significa pobres contra ricos e, nesse sentido, continuará seguramente a existir uma luta entre direita e esquerda" ("Ma chi pensa all'uomo bianco?", *Reset*, n.33, p.39, agosto de 1997). No documento *Socialismo oggi* (1998), redigido pela Fondazione Pietro Nenni, afirma-se que o mercado não pode satisfazer a todas as novas necessidades, nem pode ser ele o remédio para o melhoramento e o aperfeiçoamento ético do homem; portanto, somente uma política que vá além do mercado, senão mesmo contra o mercado, pode atender à exigência de justiça social, para a qual sempre se dirigiram os movimentos socialistas na história. Num manifesto de intelectuais franceses, publicado com o título "Una sveglia per la sinistra", in *La Stampa*, 31 de outubro de 1996, e comentado por Gianni Vattimo, são propostos como temas característicos da esquerda a redução da jornada de trabalho em nível internacional, a promoção de uma economia mais aberta ao trabalho solidário, o assim chamado salário de cidadania, ou seja, uma renda mínima garantida a todos.

6 Ver o ensaio de R. Segatori, "Slittamenti progressivi. La sinistra da contenuto a contenitore", in Campi & Santambrogio, *Destra/Sinistra. Storia e fenemenologia*, op. cit., p.317-32. O autor distingue três "invariantes morfológicas" que identificariam a esquerda: "a) uma específica teoria dualista da sociedade; b) uma específica teoria do

Ao lado da controvérsia sobre o significado da distinção, manteve-se com vivacidade o velho debate sobre a natureza e o valor de cada uma de suas duas partes – da esquerda como tal independentemente da direita, e da direita como tal independentemente da esquerda –, para que se possa responder a questões como: "Ainda existe uma esquerda (ou uma direita)?"; "Qual o futuro da esquerda (ou da direita)?"; "E se existisse mais de uma esquerda (ou direita)?". A esse respeito, devem ser mencionados ao menos dois livros simultaneamente contrapostos e simétricos: *Le due destre*, de Marco Revelli (1996), e *Le due sinistre*, de Fausto Bertinotti (1997).[7]

Conforme o caso, a distinção foi acusada de dois efeitos opostos: de ser confusa, uma verdadeira "mixórdia" (Geno Pampaloni), algo "nebuloso" (Giovanni Raboni), de um lado, e de ser simplista e simplificadora,[8] de outro. Em outras palavras, de não estar em condições de dominar a

---

(estar em) crédito com a sociedade; c) uma teoria política igualitária". Defende a tese segundo a qual "parece demonstrável que à estabilidade no tempo das invariantes morfológicas de tipo discursivo se associe a mudança dos sujeitos e dos fatores das áreas problemáticas a eles submetidas, sendo igualmente demonstrável que, com respeito a alguns momentos fortes da afirmação da esquerda (alude-se a movimentos e partidos de grande relevância histórica), pode-se verificar com facilidade a substancial transformação das identidades iniciais que, para falar com diversos autores, entre os quais Sartori, ocorre progressivamente nos *conteúdos*, garantindo-lhes essencialmente a sua salvaguarda como *recipientes*" (p.317-8). O autor retoma e desenvolve a observação de Santambrogio, segundo o qual, no interior do debate sobre a legitimidade da dicotomia, estão presentes três posições, uma das quais é a que "parte da hipótese de que está em curso uma transformação estrutural da dicotomia, em decorrência da qual não seria mais possível identificar precisos conteúdos de discriminação, com o que direita e esquerda estariam se convertendo em simples recipientes extremamente adaptáveis" ("Destra e sinistra: due dialetti della stessa lingua", op. cit., p.45).

7 M. Revelli, *Le due destre*, Torino: Bollati Boringhieri, 1996; F. Bertinotti, *Le due sinistre*, entrevista a A. Gianni, Milano: Sperling & Kupfer, 1997.

8 Por exemplo L. Dalu, "Destra e sinistra: antitetiche o eguali?", in Antiseri & Infantino, *Destra e sinistra: due parole ormai inutili*, op. cit., p.52.

complexidade e ser por ela confundida, ou de dominá-la demais e acabar por sufocá-la. A primeira acusação provém daqueles que não se consideram e não pretendem ser considerados nem de direita nem de esquerda e ficam pouco à vontade para escolher um ou outro lado; a segunda é própria dos que gostariam de ser simultaneamente de direita e de esquerda e se acham restringidos demais tanto num quanto noutro lado. A maioria das pessoas que participam direta ou indiretamente da vida política não padece de nenhum desses vícios. A tendência a se alinhar nas situações em que há dois lados em luta é um comportamento natural, muito mais natural que o de se colocar acima ou abaixo da batalha, como se constata habitualmente nas partidas de futebol. O alinhar-se preenche a necessidade de identificação, a formação de um "nós": nós de direita, vocês de esquerda, ou vice-versa. Os de esquerda são todos jacobinos, os de direita são todos reacionários. Não há nada mais simplificador do que tal modo de se colocar daqui ou dali. E, ao mesmo tempo, não há nada mais confuso do que as razões que levam alguém a escolher um lado em vez de outro.

Disse-se também que quem considera o não reconhecimento da distinção como uma atitude de direita esquece que é geralmente de esquerda o gesto de atribuir a não distinção à direita. Poderíamos continuar indefinidamente com esse jogo de passagem recíproca de uma a outra parte. Nós o constatamos a cada dia. É precisamente a ativação desse jogo que continua a manter viva – numa vida em contínuo movimento – a distinção. Num universo conflitual como o da política, que exige continuamente a ideia do jogo das partes e do empenho para derrotar o adversário, a divisão do universo em dois hemisférios não é uma simplificação, mas uma fiel representação da realidade.[9] Seria como acusar de simplismo a distinção

---

9 Ernst Jünger afirmou que direita e esquerda "são agora categorias orgânicas como as partes do corpo. Pensem por exemplo nas mãos. Ambas são indispensáveis. É óbvio que cada uma delas existe em

entre machos e fêmeas. Além do mais, é banal apresentar como argumento a constatação de que nenhuma díade jamais é perfeita e jamais é a única díade capaz de distinguir qualquer universo de entes em dois polos opostos. Já tive a oportunidade de observar, e repito-o agora, que as duas partes contrapostas do inteiro, segundo sejam contraditórias ou contrárias, excluem e incluem um terceiro. No universo político existem situações nas quais direita e esquerda tendem a excluir um centro, e outras nas quais o incluem. A distinção entre dois polos, direita e esquerda, corresponde tanto mais ao real estado das coisas – e, como tal, é simples mas não simplista – quanto mais um sistema político aceita como regra fundamental do jogo a alternância entre um e outro polo, como ocorre num sistema político democrático idealmente perfeito.

Simplista, na verdade, é a objeção de que a distinção entre direita e esquerda não é a única possível no universo político. Em meu próprio livro, a distinção entre direita igualitária e esquerda inigualitária combina-se com a distinção entre extremismo e moderantismo, que se baseia não na diferença entre os fins, mas na diferença entre os meios utilizados para alcançar o fim prefixado. Muitas vezes os críticos fingiram não perceber essa outra distinção ou não a levaram na devida conta. Nesse caso, não é distinção que é a simplificadora ou simplista, mas a reação dos críticos. Em outras palavras, não são de modo algum sérios nem os argumentos que declaram que a distinção não é perfeita, pois nenhuma distinção jamais é perfeita, nem os que afirmam que existem outras distinções igualmente válidas, pois a distinção proposta não pretende ser a única. É ótimo que surjam propostas de outras distinções, como ocorreu amplamente nos últimos anos, aumentando o

---

função da outra. Deste ponto de vista, portanto, a direita e a esquerda são igualmente necessárias". Jünger, porém, conclui: "Considero-me acima deste esquema, que encheu diversas estantes de ideologias" (A. Gnoli, F. Volpi, *I prossimi titani. Conversazioni con Ernst Jünger*, Milano: Adelphi, 1995, p.29).

leque das distinções que haviam sido feitas no passado. No passado, as distinções conviveram pacificamente com a distinção direita-esquerda, e é perfeitamente legítimo imaginar que, se surgirem novas distinções, elas poderão conviver ou combinar-se com a antiga. Não há nenhuma dificuldade em sustentar que é bastante oportuna uma nova contraposição, por exemplo, entre liberistas e estatistas.[10] Trata-se apenas de saber se essa distinção contrapõe-se de modo tão radical à distinção tradicional que acabaria por torná-la inútil ou "inservível", como se disse. Por que não deveria mais existir, de agora em diante, uma distinção entre liberismo de direita e liberismo de esquerda, ou entre estatismo de direita e estatismo de esquerda? Se é possível dizer que é simplista a *reductio ad unum* de toda contraposição – coisa que, ao menos no meu livro, não aconteceu –, por que não se deve considerar simplista a nova distinção proposta, sobretudo se se pretende fazer que ela apareça como completamente alternativa à anterior? O fato de que existam estatistas e defensores do mercado tanto à direita quanto à esquerda é, para o alargamento do debate, uma aquisição que não se pode menosprezar,

---

10 No prefácio escrito para *Destra e sinistra, due parole ormai inutili,* op. cit., Antiseri afirma que as contribuições reunidas no volume "põem em evidência, a partir de diversos pontos de vista, algumas das razões que tornam inútil a tradicional distinção e fazem com que fique sempre mais útil para a compreensão dos fatos sociais a distinção entre liberismo e estatismo" (p.5-6). Fez o mesmo, de modo mais amplo, no artigo "Distinguere la destra della sinistra oppure demarcare tra conservatori e liberali" (p.7-15), no qual se encontra este juízo peremptório: "Se alguém lucra vendendo armas, o culpado não é mercado; culpados são os que vendem e compram armas, e desumana é sua ética. O mercado é sempre inocente" (p.14). Ver também, na mesma coletânea, L. Infantino, "Destra e sinistra: due termini di cui non abbiamo bisogno", p.17-26, e E. Di Nuoscio, "L'inafferabile cleavage", p.59-74, em que a defesa intransigente do mercado segue a tese de que o verdadeiro contraste é entre os estatistas, que acreditam que o Estado deve intervir "pesadamente" no mercado, e os que atribuem ao Estado apenas uma função residual com respeito ao mercado (p.74).

mas não se compreende por que sua aceitação tornaria "inútil" a distinção anterior.[11] O próprio Hayek, ponto de referência obrigatório, e aceito como *ipse dixit* dos autores já mencionados, afirma que o mercado não pode resolver por si só todos os problemas da convivência cívica e são necessárias algumas limitações. Mas quem fixa essas limitações? Qual é a extensão delas? Será que, nesse ponto, a distinção entre direita e esquerda, que havia sido banida pela janela, não retornaria pela porta?

Seria possível dizer o mesmo para quem propõe substituir a díade tradicional por aquela que distingue revolução liberal e revolução conservadora.[12] A necessidade de substituir a velha distinção por uma nova decorreria do fato de que a dupla tradicional foi-se enfraquecendo culturalmente na medida em que se enfraqueceu a cultura de esquerda que a havia imposto e defendido, e na medida em que se descobriu a intolerância iluminista, "a mais revoltante e hipócrita das intolerâncias".[13] A velha distinção seria a prova de um dualismo esquemático e, sendo em si mesma frágil, faria que meu livro fosse uma espécie de "reconfortante cobertor de Linus".[14] O principal ponto de referência dessas posições é Augusto Del Noce, para quem o pensamento de esquerda levaria inevitavelmente

---

11 Para G. Borsa ("Sinistra e destra alle soglie del Duemila", in *Il Mulino*, XLIII, julho-agosto 1998, p.612-21), o que ainda distingue a direita da esquerda é "o modo de gerir o desenvolvimento capitalista. Para a direita o Estado não deve interferir no mercado. A esquerda estabelece que o Estado guie e governe o mercado para reparar as *market failures*".

12 Veneziani, *Sinistra e destra. Risposta a Norberto Bobbio*, op. cit., especificamente no último capítulo, no qual o autor ilustra "o antagonismo próximo vindouro", p.143-56. O autor retomou sua tese no artigo "Falce e mercato, la sinistra liberale", in *La Repubblica*, 4 de junho de 1995.

13 Veneziani, *Sinistra e destra*, op. cit., p.16.

14 Ibidem, p.28. A referência, aqui, é ao cobertor que o personagem Linus, criado pelo cartunista norte-americano Charles Schultz, carrega permanentemente, numa metáfora do comportamento típico das crianças pequenas e inseguras. (N. T.)

ao niilismo. Na verdade, a nova contraposição retoma a díade progresso-tradição. Como já se observou, tal díade tem-se mantido viva ao lado da distinção entre direita e esquerda, e pode continuar tranquilamente a viver assim. Há lugar para uma e para outra. Tem-se a impressão de que a irritação diante da dupla tradicional depende unicamente da recusa a se considerar de direita – palavra mal-afamada – a própria posição. Porém, é preciso repetir que a condição preliminar para que se faça uma análise conceitual dos dois termos é a de que se prescinda do seu significado emotivo, com base no qual a esquerda é boa e a direita é má, ou vice-versa. Em meu texto, os dois termos fundamentais, igualdade e desigualdade, são usados como termos axiologicamente neutros.

Assim como nos anos precedentes se atribuía à queda do muro de Berlim a responsabilidade pelo enfraquecimento ou mesmo pela esterilização da distinção, nos últimos anos o fenômeno da globalização tem sido considerado a causa principal da esterilidade.[15] Admite-se que, a partir do momento em que os problemas econômicos, políticos e culturais não podem mais ser examinados apenas no âmbito dos Estados nacionais, no interior dos quais nascera a distinção entre direita e esquerda, deu-se um tão "grandioso embaralhamento das cartas"[16] que a velha distinção teria perdido toda sua eficácia descritiva. Não me parece. Parece-me ter ocorrido exatamente o contrário, ou seja, que a distinção não está morta e sepultada, mas mais viva do que nunca. Só quem acredita na permeabilidade do mercado e entrega a ele a solução de todos os problemas da convivência cívica pode acreditar que só existe um caminho para a globalização, o da mercantilização total das relações humanas. Quanto mais o mercado se estende,

---

15 Segundo Costanzo Preve, "o fato da globalização não se deixa interrogar por intermédio das categorias de Direita e de Esquerda" (*Destra e sinistra. La natura inservibile di due categorie tradizionali*, op. cit., p.6).

16 A. Campi, "La dicotomia destra-sinistra: ragioni di una crisi", in Campi & Santambrogio, *Destra/sinistra. Storia e fenomenologia*, op. cit., p.164.

mais aumentam os problemas que o mercado provoca ou não consegue resolver. O fenômeno da globalização caminha em todos os países economicamente adiantados junto com o fenômeno do deslocamento de populações dos países mais pobres para os mais ricos. Se há um fenômeno que repropõe a distinção entre igualitários e inigualitários ou, como foi dito diversas vezes, entre aqueles que optam por uma política de inclusão e aqueles que optam por uma política de exclusão, este é precisamente o fenômeno da emigração.[17] Num país como a Itália, a política seguida no que diz respeito aos imigrados distingue mais do que nunca, a cada dia – nas relações humanas, nas decisões parlamentares, e ainda mais no modo de tratar os que são diferentes –, a orientação de esquerda da orientação de direita. Retomei esse argumento na resposta dada ao artigo de Perry Anderson, reproduzida nos Apêndices. E não é o caso de repetir aqui coisas que, por serem tão óbvias, são compreendidas sem dificuldades pelas pessoas. Há um partido na Itália que obteve nestes últimos anos um notável apoio defendendo teses exclusivistas, para não dizer racistas, contra os italianos do Sul, e que, no momento, está organizando uma campanha para promover um referendo cujo objetivo seria a expulsão do território da Itália do Norte não só dos sulistas, mas também de todos os imigrados extracomunitários, isto é, não pertencentes à comunidade europeia. Como devemos chamar um partido desse tipo? Como podemos chamá-lo, senão de partido de direita? E ele próprio, não se considera assim?

---

17 Aldo Bonomi, in *Il trionfo della moltitudine. Forme e conflitti della società che viene* (Torino: Bollati Boringhieri, 1996), afirma que a dupla igualdade-desigualdade foi substituída pela dupla inclusão-exclusão: "para o relacionamento social, o importante não é ser igual, mas ser incluído, isto é, ser admitido no processo que permite acessar as oportunidades, as chances disponíveis" (p.41). O livro foi resenhado por Marco revelli, "Una folla asociale ma globalizzata", in *il manifesto*, 17 de maio de 1996. Tese análoga já havia sido defendida por Alessandro Pizzorno no artigo "Caro Bobbio, ecco dove sbagli", in *La Repubblica*, 7 de fevereiro de 1995.

Mais complexa é a reconstrução da díade realizada pelo autor que parte da contraposição entre individualismo e holismo, derivada dos conhecidos livros de Louis Dumont,[18] de onde decorre uma subdivisão entre individualismo construtivo e individualismo factual. Cruzadas as duas distinções, a esquerda compreenderia o individualismo construtivo e o holismo construtivo, ao passo que a direita compreenderia o individualismo factual e o holismo factual.[19] O autor explica que a distinção entre construtivo e factual é uma tentativa de explicitar a distinção entre interno e externo. Ilustra sua proposta com uma matriz da qual oferece três chaves de leitura: uma vertical, entre individualismo e holismo, no interior de direita e esquerda; uma horizontal, entre direita e esquerda, no interior de individualismo e holismo; e uma terceira, transversal, entre individualismo de esquerda e holismo de direita, de um lado, e entre individualismo de direita e holismo de esquerda, de outro. Das seis posições que daí derivam, algumas são de esquerda, outras de direita. Quanto ao conceito de igualdade, o autor considera que ele não pode ser entendido como uma conotação específica das esquerdas, já que a igualdade, junto com a liberdade, é um dos dois valores-chave que caracterizam toda a trama de relações práticas e ideais de que é tecido o projeto

---

18 L. Dumont, *Homo aequalis, I, Genesi e trionfo dell'ideologia economica*, Milano: Adelphi, 1984, e *Homo aequalis, II, L'ideologie allemande. France-Allemagne et retour*, Paris: Gallimard, 1991, particularmente o ensaio "La droite et la gauche", p.249-94.

19 Ver a matriz em A. Santambrogio, "Destra e sinistra: due dialetti della stessa lingua", in Campi & Santambrogio, *Destra/sinistra. Storia e fenomenologia*, op. cit., p.70, e in Id., *Destra e sinistra. Un'analisi sociologica*, op. cit., p.90. No que diz respeito a minha posição, o autor sustenta que das minhas três teses – segundo as quais a díade continua a ser discutida mesmo depois da queda do muro de Berlim, os termos "direita" e "esquerda" são reciprocamente excludentes e conjuntamente exaustivos, a distinção repousa sobre a diferente atitude diante do ideal da igualdade –, eu tenho razão quanto à primeira, equivoco-me quanto à terceira e o autor suspende a avaliação quanto à segunda.

democrático. Ele admite, de fato, que se deve excluir da matriz a contraposição entre extremismo e moderantismo, considerando extremistas a anarquia, o elitismo, o fascismo e o comunismo. Conclui afirmando que, num quadro completamente democrático, em que o conflito seja reconhecido como endêmico e legítimo, direita e esquerda poderiam assumir a forma de dialetos de uma mesma língua.

Ao mesmo Dumont remete-se também um estudioso inglês, bastante conhecido na Itália.[20] Para ele, a esquerda deve ser definida por seu empenho em favor do "princípio de retificação", o qual permitiria que se considerassem as várias esquerdas como estando coligadas entre si por uma certa semelhança de família: a família igualitária. O projeto de retificação pode ser expresso de muitos modos, mas em qualquer dos casos sua linguagem parte do reconhecimento de que existem desigualdades injustificáveis, que a direita considera sacras e invioláveis, naturais ou inevitáveis, ao passo que a esquerda pensa que podem e devem ser reduzidas ou abolidas. Para a esquerda, as batalhas contra as diversas formas de desigualdade são momentos de uma única guerra. O autor vê como de direita a posição de Fukuyama, em parte também a de Anderson, para quem a esquerda não tem mais um futuro. Observa que existem vinte milhões de desempregados apenas na Europa ocidental, e que o empobrecimento crescente, a marginalização e a exclusão social de categorias sempre mais amplas de pessoas parecem inseparáveis das sociedades liberais e capitalistas. Da esquerda espera-se inventividade programática e imaginação.

Sobre a crise da "dicotomia direita-esquerda", manifesta-se com particular severidade Alessandro Campi.[21] Após expor algumas razões dessa crise, ele propõe outras

---

20 S. Lukes, "Un principio per la sinistra", in Campi & Santambrogio, *Destra/sinistra. Storia e fenomenologia*, op. cit., p.301-16.

21 A. Campi, "La dicotomia destra-sinistra: ragioni di una crisi", in Campi & Santambrogio, *Destra/sinistra. Storia e fenomenologia*, op. cit., p.153-66.

possíveis dicotomias, como local-global, centro-periferia, inclusão-exclusão, individualismo-organicismo, que atravessam transversalmente as tradicionais famílias políticas, determinando novas agregações que não poderiam mais ser remetidas ao habitual esquema da política parlamentar. Embora reconhecendo que a popularidade da dicotomia depende da sua inegável potência simplificadora, o autor pensa que é melhor, de agora em diante, deixar de usá-la. Dizer, porém, que a dicotomia está em crise não significa dizer que ela é inútil ou está destituída de significado: significa apenas – acredita o autor – que tal dicotomia é uma das possíveis categorias da linguagem política e, por ter nascido num preciso contexto histórico, não pode ter a pretensão de ser considerada perene.

Objeção completamente diversa é a que questiona não mais a natureza, ou essência, da distinção, e o critério ou critérios com base nos quais a distinção pode continuar a ter um significado ainda hoje, mas sua aplicabilidade à presente situação da luta política. Ainda que a distinção seja sempre válida em abstrato, constata-se que a ação política daquela que há um tempo era a esquerda já não é mais muito diferente daquela que costumava ser atribuída à direita. Do mesmo modo que, no passado recente, a esquerda invadira pouco a pouco o espaço da direita, a ponto de torná-la politicamente irrelevante, agora é a derrota da hegemonia da esquerda que teria deixado espaço somente para a direita. Não seria verdade, portanto, que a esquerda como tal perdeu sua razão de ser. O que está acontecendo é que a esquerda não consegue mais fazer valer suas próprias razões numa situação em que a tradicional política de esquerda está destinada a perder consensos e apoios. No "clube dos ricos" – para repetir o título de um pequeno livro do irredutível (ainda que pregador no deserto) e esquerdíssimo Noam Chomsky[22] –, não haveria lugar para uma

---

22 N. Chomsky, *Il club dei ricchi* (1993), Roma: Gamberetti Editrice, 1996. Trata-se de uma entrevista concedida pelo conhecido cientista a David Barsamian, a respeito do mundo unipolar e do esvaziamento das

esquerda politicamente eficaz. Pode-se responder que isso não significa que os ideais da esquerda, que inspiram a luta pela emancipação dos homens da servidão do sistema capitalista, tenham se apagado. Esperam sua vez, ainda que ninguém saiba quando ela virá. Ao menos em termos ideais, proféticos, o que importa é não se dar por vencido.

A essa objeção responde o autor do livro *Le due destre* (1996), que não nega de modo algum nem a distinção nem o critério em que ela habitualmente se baseou, igualdade--desigualdade. Revelli sustenta que o espaço político real está, atualmente, na Itália, ocupado predominantemente por duas direitas, uma populista e plebiscitária (fascistoide) e outra tecnocrática e elitista (liberal). As duas direitas estão em conflito entre si no que diz respeito aos meios, mas bastante unificadas por um objetivo comum. O objetivo é explícito: "Oferecer uma adequada borda institucional ao processo de reestruturação produtiva em curso". Em outras palavras, governar a dissolução do compromisso social-democrático e administrar o desmantelamento da rede de regras e garantias que haviam permitido aquele equilíbrio entre capital e traba-lho que sustentara a democracia social na segunda metade do século XX, em favor do novo sujeito "totalitariamente hegemônico, a empresa".[23] Comum o objetivo, mas bastante diversos e, por certos aspectos, opostos, os meios: a direita populista tende a agir mediante uma ruptura institucional e um novo bloco social; a tecnocrática, mediante a união da grande indústria e dos *grand commis* do declinante capital

---

instituições democráticas. Nela, fica evidente que, para Chomsky, a distinção entre direita e esquerda é claríssima e poderia ser resumida, de modo breve e simplificado, sem "distinções sutis" mais sofistica-das, na tese de que a esquerda está do lado dos pobres e a direita do lado dos ricos. Desde o primeiro capítulo, o alvo principal é a tão celebrada "globalização" da economia. Igualmente responsabilizado é o mercado, já que a política econômica de uma grande sociedade capitalista como os Estados Unidos dedica-se, na realidade, segundo o autor, a proteger um mercado que corresponde às necessidades dos que estão no alto, vale dizer, os ricos e os poderosos.

23 M. Revelli, *Le due destre*, op. cit., p.7-8.

público. Perante essas duas direitas, a que se reduziu hoje a esquerda? Na minha opinião, essa posição é simétrica, ainda que de um ponto de vista crítico, em vez de apologético, à distinção proposta por Veneziani entre revolução liberal e revolução conservadora: crítico, na medida em que Revelli examina, de um ponto de vista de esquerda, isto é, como antagonista, aquela transformada realidade social e política que Veneziani analisa de um ponto de vista de direita (como é difícil libertar-se desta que, em outra ocasião, chamei de "irritante" díade!), quer dizer, de um ponto de vista oposto, segundo o qual aquilo que é reacionário para a esquerda torna-se revolucionário para a parte oposta.

Entre as duas direitas de Revelli e as duas esquerdas de Bertinotti não há, como se poderia pensar, nenhuma ligação, ainda que a segunda esquerda de um desemboque na e termine por se confundir com a primeira direita do outro. Porém, ao passo que as duas direitas do primeiro estão unificadas pelo objetivo comum, as duas esquerdas do segundo distinguem-se uma da outra precisamente pelo diferente objetivo que perseguem: para a esquerda moderada ou liberal, a atual organização social é um ponto de chegada a ser corrigido periodicamente para que se possa limitar o excesso de desigualdades, ao passo que a outra esquerda continua a buscar uma alternativa total ao atual modelo social. A diferença pode ser resumida nestas duas máximas: governar o desenvolvimento, de um lado, mudar a sociedade, de outro. Ao passo que a esquerda liberal é interna à dimensão do capitalismo, como são as duas direitas de Revelli, a outra esquerda – a "verdadeira", "boa" e "autêntica" esquerda – fixa antecipadamente sua definitiva superação.[24] Para concluir, ao passo que a esquerda antagonista parte de renovadas razões de classe, a esquerda moderada tende a cancelar toda conotação social para movimentar-se em direção à indistinta condição do cidadão.

O ideal da igualdade, como critério privilegiado e preferido da distinção entre direita e esquerda, continuou a

---

24 F. Bertinotti, *Le due sinistre*, op. cit., p.7.

ser um dos principais objetos de discussão, como se pode ver pela grande quantidade de livros e artigos publicados a respeito. Reitero que é difícil compreender por que esse critério costuma ser habitualmente tratado como o "critério de Bobbio", como se eu tivesse sido seu inventor e seu teimoso monopolizador. Desde o início do meu ensaio, deixei claro que adotava esse critério por ser ele o mais difundido entre os autores precedentes. Como prova de que o princípio da igualdade foi uma *communis opinio*, creio ser suficiente lembrar que um escritor ligado à direita americana, como Francis Fukuyama, escreveu um alentado volume para sustentar que o "fim da história" coincide com o fim da concepção de progresso histórico própria da esquerda, segundo a qual os homens lutariam para obter maior igualdade, ao passo que, na verdade, a luta que faz progredir as sociedades seria a luta não pela igualdade, mas pela superioridade.[25]

Foi também observado que a igualdade é um termo tão genérico e destituído de conteúdo que, por si só, não serviria para definir coisa alguma. Tanto essa ideia seria verdadeira, afirma-se, que não há programa político que não faça referência a alguma forma de igualdade, seja ela a igualdade dos pontos de partida, das oportunidades, dos rendimentos, dos resultados, e assim por diante. Mas não fui eu mesmo quem escreveu: "qual é a doutrina política que não tem a ver, em maior ou menor medida, com a igualdade?".[26] Como já disse, os vários movimentos igualitários distinguem-se com base na resposta que dão a estas questões fundamentais: "Igualdade sim, mas entre quem, em relação a que e com base em quais critérios?".[27]

Uma vez reconhecido que existem diferentes formas de igualdade e que algumas delas podem ser encontradas até mesmo em posições de direita, torna-se inevitável a pergunta: "Como se distingue a igualdade de direita da igualdade de esquerda?". Tal questão me foi proposta, num

---

25 Ver Apêndice p.149.
26 Ver, no presente volume, p.16.
27 Ver, no presente volume, p.112-3.

artigo muito bem argumentado, por um autor que, de seu ponto de vista claramente de esquerda, afirma que minha defesa do conceito constitui "um gesto politicamente não irrelevante" e que minhas palavras acertam o alvo, na medida em que "nosso pensamento de esquerda alimentou-se historicamente desta tensão igualitária".[28] Nesse artigo, Liguori enfatiza que a díade igualdade-diferença é algo bem distinto da díade igualdade-desigualdade e que a falta de reconhecimento dessa importante distinção representa um grave limite da minha análise. O autor conclui então que "minha apaixonada peroração em favor da igualdade não distingue suficientemente desigualdades e diferenças, igualdade formal e igualdade substancial, além de não discutir qual deve ser o igualitarismo de esquerda".[29]

Creio que a questão está mal posta. A diferença entre direita e esquerda não se manifesta sob a forma de tensão entre uma igualdade de direita e uma igualdade de esquerda, mas com base no diverso modo em que é concebida, respectivamente pela direita e pela esquerda, a relação entre igualdade e desigualdade. Partindo do pressuposto, como eu fiz, de que a pessoa de esquerda é aquela que considera mais o que os homens têm em comum do que o que os divide, e de que a pessoa de direita, ao contrário, dá maior relevância política ao que diferencia um homem do outro do que ao que os une, a diferença entre direita e esquerda revela-se no fato de que, para a pessoa de esquerda, a igualdade é a regra e a desigualdade, a exceção. Disso se segue que, para essa pessoa, qualquer forma de desigualdade precisa ser de algum modo justificada, ao passo que, para o indivíduo de direita, vale exatamente o contrário, ou seja, que a desigualdade é a regra e que, se alguma relação de igualdade deve ser acolhida, ela precisa ser devidamente justificada.

Dando o costumeiro exemplo do comportamento diante dos que são diferentes – sejam eles as mulheres

---

28 G. Liguori, "Destra e sinistra: sulle tesi di Bobbio", in *Critica marxista*, 1994, 2-3, p.77-8.

29 Ibidem, p.81.

com respeito aos homens, os extracomunitários com respeito aos cidadãos europeus –, não se pretende dizer que a esquerda inclui todos e a direita exclui todos, mas sim que a regra da esquerda é a inclusão, salvo exceções, e a regra da direita é a exclusão, salvo exceções. Também é verdade que, diante das três questões tradicionais – "igualdade entre quem, igualdade em relação a que, igualdade com base em qual critério?" –, a esquerda, com respeito à primeira, tende a dar uma resposta mais extensiva (senão "todos" contra "poucos", os "mais" contra os "menos"); com respeito à segunda, dá preferência aos direitos humanos fundamentais contra os bens de consumo e patrimoniais; com respeito à terceira, tende-se a considerar como mais de acordo com a esquerda os critérios da necessidade e do trabalho, e mais de acordo com a direita os critérios do mérito e da posição social. Mas o apelo aos valores sempre é histórica e politicamente relativo e, portanto, ainda que partindo do princípio da igualdade, a distinção entre direita e esquerda não se resolve em buscar a diferença entre uma igualdade de direita e uma igualdade de esquerda, mas em distinguir o diferente modo pelo qual direita e esquerda concebem respectivamente a relação entre regra e exceção.

Não é de excluir que boa parte da confusão, derivada da ausente ou insuficiente distinção entre igualdade-desigualdade e semelhança-diferença, também depende do escasso rigor com que são usadas, na linguagem comum, palavras como "igualdade", "desigualdade" ou "inigualdade" (há diferença, mas qual é ela?), "identidade", "diversidade", "semelhança" e "dessemelhança". Penso, porém, que questões de palavras – que também devem ser consideradas para que se evitem discussões inúteis – não implicam uma mudança conceitual tão forte que torne vão ou inútil o uso da díade e diminua o significado que a essa díade se tem desejado dar para fazer com que ainda permaneça "útil" e "servível".

Turim, abril de 1999
Norberto Bobbio

Resposta aos críticos, 1995

Fui o primeiro a ser surpreendido com o sucesso deste pequeno livro. Não o esperava nem mesmo o editor, que, na primeira edição, imprimiu dez mil cópias. Depois, foi uma corrida contra o tempo.

Enquanto escrevo este Prefácio à nova edição, o livro continua a aparecer na lista dos *best-sellers* na área de ensaios, apesar de estar caindo a cada semana.[1] E todos sabem que as obras escritas por professores, exceção feita aos livros-texto e aos famigerados "manuais", conseguem vender apenas alguns poucos milhares de exemplares.

Não há dúvida de que o livro foi favorecido pelo fato de ter sido lançado com um título sugestivo durante uma campanha eleitoral em que duas forças estavam se contrapondo de modo muito mais nítido do que nas eleições precedentes.[2] Um ou outro livreiro, interpelado sobre as razões pelas quais o livro era tão procurado, fez-nos saber que alguns compradores nele buscavam, se não uma resposta, ao menos uma orientação, uma sugestão,

---

1 Logo nos primeiros dias Mauro Anselmo se perguntava em *La Stampa*: "Il filósofo best-seller. Perché in libreria Bobbio batte tutti?", 23 de março de 1994, p.16.

2 Referência à campanha eleitoral para a renovação da Câmara dos Deputados da Itália, ocorrida em março de 1994. Ver mais adiante. (N. T.)

um esclarecimento sobre a opção eleitoral que deveriam fazer. Ficaram provavelmente desiludidos, mas a desilusão acabou por não se mostrar contagiosa. Tanto é verdade que as vendas prosseguiram, mais ou menos no mesmo ritmo, alguns meses após o fechamento das urnas, quando todos já tinham feito as respectivas opções de voto.

Por que será que tantos continuaram, e continuam ainda, a adquirir esse pequeno livro? Será possível que todos tenham-se deixado enganar pelo fato de ter o livro surgido com uma elegante e atraente apresentação editorial, ser prático, curto e fácil de manusear, além de custar pouco? Também preciso saber o que há dentro dele, alguém certamente deve ter pensado.

Como autor, quero sugerir, embora timidamente, que a principal razão do sucesso foi o tema. "Timidamente", digo, mas também com discreta satisfação, pois não poderia encontrar melhor argumento contra todos aqueles que dizem, já há tempo, e não se cansam de repetir com inquebrantável firmeza, que a díade direita-esquerda não interessaria mais a ninguém.

Ao sucesso de público correspondeu, devo reconhecer francamente, um mais contrastante sucesso de crítica. As resenhas foram bastante numerosas, mas nem sempre benevolentes, para não mencionar algumas que procuraram demolir o livro.[3] Um amplo e renovado debate para rediscutir a díade e as teses por mim defendidas não chegou a acontecer, seja em decorrência da pressa imposta pela voracidade da imprensa diária a todos os que comentam os livros recém-publicados, seja porque os críticos – por sua debilidade intrínseca? por defeito de documentação? pela insuficiência da argumentação? – nem sempre foram muito convincentes.[4] Também recebi diversas cartas de

---

3 A. Socci, "Divieto de svolta a destra", in *Il Giornale*, 28 de fevereiro de 1994; M. Tarchi, "Niente di nuovo nella lezione del filosofo Norberto Bobbio", in *L'Indipendente*, 6 de março de 1994.

4 Há uma exceção em M. Ostinelli, "Destra e sinistra: si può dire ancora?", in *Cenobio. Rivista di Cultura della Svizzera Italiana*, n.XLIII, p.273-8, julho-setembro de 1994.

amigos e de leitores do jornal em que atualmente escrevo, quase sempre com observações pertinentes e sugestões bastante úteis.

Deixando de lado as apreciações genéricas e os ataques pessoais, aos quais não precisamos nos referir, bem como os evidentes, embora involuntários, mal-entendidos, meus críticos podem ser distribuídos em três grupos: 1. *os que continuam a sustentar que direita e esquerda são hoje nomes sem sujeito* e que não vale a pena persistir na tentativa de mantê-los vivos, atribuindo-lhes um significado que não podem mais ter (donde, em decorrência, meu livro poder ser visto como uma obra de arqueologia política); 2. *os que consideram a díade ainda válida, mas não aceitam o critério* sobre o qual eu a apoiei e sugerem outros; 3. *os que aceitam a díade, aceitam também o critério, mas o consideram insuficiente.*

Entre os primeiros, a maioria não nega que a distinção teve sentido em outros tempos, mas considera que hoje, em uma sociedade cada vez mais complicada, na qual as múltiplas razões de contraste não mais permitem que os opostos alinhamentos sejam colocados todos de um lado ou todos de outro, a contraposição unívoca entre uma direita e uma esquerda acaba por ser simplificadora.[5] Há também quem considere que foi um evento histórico catastrófico como a queda do Muro de Berlim que tornou ultrapassada a divisão.[6] Para outros, a obstinação estéril em manter viva a grande divisão depende ainda de um erro metodológico, qual seja, o de desejar aprisionar em duas abstrações conceituais a rica e cambiante concretitude da história.[7]

---

5 K. Adam, "Den Aufruhr denken. Richtungskämpfe sind Nachhutgefechte". In *Frankfurter Allgemeine Zeitung*, 3 de maio de 1994, e in *Internazionale*, v.I, n.33, p.40-1, 25 de junho de 1994, com o título: "Caro Bobbio, ti sbagli, non ci sono destra e sinistra".

6 L. Colletti, "Quale sinistra dopo il Muro", in *Corriere della Sera*, p.24, 20 de março de 1994.

7 F. Tessitore, resenha em *Nord e Sud*, n.4, 1994. É assim que também escreve S. Romano: *"Le dernier livre de Norberto Bobbio réhabilite les*

A melhor refutação a estes opositores está no fato de que *a díade permaneceu no centro do debate político mesmo após a queda do Muro*. E hoje mais do que nunca, mais do que quando comecei a me ocupar do assunto com o objetivo de alcançar, antes de tudo para mim mesmo, uma explicação. Sinal de que a famosa queda, que fez explodir rapidamente todas as contradições do comunismo mundial e, simultaneamente – seja-me permitido insistir sobre uma observação que não agrada aos vencedores do momento –, todas as contradições do não menos mundial capitalismo, nada tem a ver com toda esta discussão. *Não houve apenas a esquerda comunista, houve também, e há ainda, uma esquerda no interior do horizonte capitalista*. A distinção tem uma longa história que vai bem além da contraposição entre capitalismo e comunismo;[8] ainda existe, e não só nas placas de sinalização do trânsito, como alguém falou espirituosamente.[9] Está aí, desenfreada, de maneira até mesmo grotesca, nos jornais, no rádio e na televisão, nos debates públicos, nas revistas especializadas de economia, de política, de sociologia. Quem se pusesse a ler os jornais para ver quantas vezes as palavras "direita" e "esquerda" são empregadas, ainda que consultando apenas os títulos principais, faria seguramente uma coleta bastante abundante, até mesmo porque estas duas palavras da linguagem, não só comum, mas popular, são hoje usadas não apenas no discurso político, mas, muitas vezes de maneira até mesmo caricatural, nos mais diversos campos do agir humano.[10]

---

classifications traditionelles. Mais la réalité politique est plus nuancée." *Le Monde*, p.8, 9 de abril de 1994. [Em francês no original: "O último livro de Norberto Bobbio reabilita as classificações tradicionais. Mas a realidade é mais nuançada". (N. T.)]

8 Limito-me a recordar o livro, recentemente traduzido para o italiano, de M. Gauchet, *Storia di una dicotomia. La destra e la sinistra*, Milano: Anabasi, 1994 (ed. original: *La droite et la gauche*, Paris: Gallimard, 1990).

9 E. Sterpa, "Destra-sinistra hanno senso solo nei cartelli stradali", in *Il Giornale*, 6 de março de 1994.

10 Uma conhecida canção de Giorgio Gaber intitula-se "Destra/sinistra"

Irrompeu recentemente, a propósito da reedição de um conhecido livro sobre a questão judaica, uma douta disputa para estabelecer se a editora responsável seria de direita.[11] Li também que alguém trouxe à luz um novo problema, embora de modo ainda interrogativo: "Pasolini de direita, d'Annunzio de esquerda?".[12] Baixando um pouco o nível, a pergunta foi refeita com outros personagens: "Fiorello à direita, Jovanotti à esquerda?".[13] Depois reformulada do seguinte modo: "a TV de direita e a praça de esquerda?".[14] Tendo eu incautamente afirmado numa entrevista que a televisão é *naturaliter* de direita, foi-me respondido que o instrumento como tal não é nem de esquerda nem de direita, pois de esquerda ou de direita são os conteúdos, deixando deste modo claro que tais palavras ainda têm algum sentido. Descendo mais um outro degrau – não sei se já acontecera antes, mas com certeza aconteceu em

---

e nela podem ser encontradas contraposições como estas: "Tomar banho de banheira é de direita/uma ducha, ao contrário, é de esquerda/um pacote de Marlboro é de direita/de contrabando é de esquerda" (G. Gaber e S. Luporini, *E pensare che c'era il pensiero*, Milano, p.48, 1994).

11 Trata-se da reimpressão de Léon Bloy, *Dagli Ebrei la salvezza*, pela editora Adelphi. Ver o artigo de R. Calasso, "Uno scandalo al sole", in *La Repubblica*, 2 de agosto de 1994, e o comentário de F. Erbani, "Sulle macerie della sinistra", com a legenda: "Mas a editora Adelphi é de direita. Não, não é, é apenas um pouco esnobe, dizem Bernardini e Cases". Ver também a resposta de Cesare Segre, que havia provocado o debate: "Per me Bloy è un miserabile", in *La Repubblica*, 6 de agosto de 1994.

12 P. Conti, "D'Annunzio di sinistra, Pasolini di destra?", in *Corriere della Sera*, 8 de junho de 1994.

13 E. Piervincenzi, "Serenata alla sinistra perduta", in *Il Venerdì di Repubblica*, p.50, 27 de maio de 1994, que começa assim: "Fiorello à direita, Jovanotti à esquerda? A praça do *karaokê* contra a praça do Peter Pan progressista?". [Como se pode perceber, Bobbio refere-se, nesta passagem, a personagens do mundo artístico e cultural italiano. (N. T.)]

14 G. Zincone, "Tivù di destra e piazza di sinistra", in *Sette*, n.21, suplemento do jornal *Corriere della Sera*, p.20, 26 de maio de 1994.

1994 –, até mesmo as férias acabaram por ser divididas em férias de direita e de esquerda.[15]

É evidente que também há um aspecto lúdico em semelhantes interrogações. *Mas pode-se mesmo acreditar que as palavras possam ser deslocadas de um contexto a outro sem que a elas seja atribuído um sentido*, ou, se desejarmos, uma auréola de sentidos, ainda que apenas entrevistos, mas suficientes para tornar compreensíveis aquelas perguntas?

Mesmo que deixemos de lado semelhantes abusos linguísticos – expressão típica do invasivo jornalismo de costumes (ou de maus costumes), hoje predominante –, nossas duas incômodas palavras continuam a ser empregadas seriamente a propósito de políticos, de partidos, de movimentos, de alinhamentos, de jornais, de programas políticos, de disposições legislativas. É ou não é verdade que a primeira pergunta que nos fazemos quando trocamos opiniões a respeito de um político é se ele é de direita ou de esquerda? Pergunta sem sentido? Admitamos até

---

15 A. Usai, "O di qua o di là? Vacanze all'italiana tra sinistra e destra", in *La Repubblica*, 27 de junho de 1994. O livro tinha apenas acabado de sair, nos primeiros dias de março, e o semanário *Panorama* de 11 de março, p.10-1, já publicava um artigo de R. Rosati na seção "Tema do dia", intitulado ironicamente "Sei di destra o di sinistra?", que começava assim: "Está em curso um verdadeiro e grande duelo entre Direita e Esquerda." Em seguida vinha a opinião de Nicola Matteucci, que exprimia a posição oposta: "Sem querer ofender Bobbio, direita e esquerda não são valores, mas termos vazios. A verdadeira disputa é entre liberdade e igualdade." Desde que Matteucci já nos deu tantas provas de que considera a liberdade de direita e a igualdade de esquerda, sequer para ele direita e esquerda são termos vazios. A diferença entre mim e Matteucci está no fato de que, para mim, a liberdade pode ser tanto de direita quanto de esquerda, e a verdadeira disputa entre esquerda e direita repousa em atribuir maior estima à igualdade ou à diversidade. A mesma revista voltava ao assunto no número de 4 de novembro que, sob o título geral "Tema do dia", publicava um artigo ("Sei di sinistra, di destra o...?") apresentando a questão como "o debate mais quente do verão. Os italianos, à espera de novas etiquetas, continuam a se dividir".

mesmo que entre as respostas possíveis esteja inclusive a de que o personagem não é nem de esquerda nem de direita. Mas como não perceber que a resposta "nem sim nem não" só é possível se "esquerda" e "direita" têm um sentido conhecido, mesmo que apenas vagamente, tanto pelo indivíduo que pergunta como pelo que responde? Como fazemos para dizer que tal objeto não é nem branco nem preto, se não temos a mínima ideia a respeito da diferença entre as duas cores? Como fazemos para dizer que tal medida governamental não é nem de esquerda nem de direita, se não temos a mínima ideia a respeito do significado dessas duas palavras, ou se consideramos que tinham um significado tempos atrás e hoje não o têm mais? Como fazemos para dizer que as duas palavras perderam o sentido porque um partido que era de direita agora pratica uma política de esquerda, se não continuamos a crer que as duas palavras ainda significam alguma coisa? Para negar a diferença entre dois métodos de jogar futebol, quem seria capaz de argumentar, com sensatez, que a equipe X que até hoje usava o método A agora usa o método B, usado pela equipe Y? Faço estas perguntas pelo simples fato de que a maior parte dos argumentos adotados pelos detratores da distinção é desta natureza. Tais argumentos, porém, apenas conseguem mostrar a confusão entre as ideias abstratas e os compromissos que as conformam nas aplicações práticas. E como esquecer que esta frequentemente hilária contestação continuou a ser feita num momento histórico em que, na Itália, por um lado, se gritava com ar de triunfo: "Venceram as direitas", e, por outro, se sussurrava em voz baixa: "As esquerdas foram derrotadas?" Mas como, ainda existem partidos de direita e de esquerda? Não existem mais? Se não existem, então como explicar que entre os vencedores está um partido que hoje se chama Aliança Nacional, mas que até há pouco tempo se chamava Direita Nacional (e que não só não esconde, como, ao contrário, se vangloria de ser um partido de direita), e que entre os derrotados o maior partido se chama precisamente Partido

Democrático da Esquerda?[16] A famigerada díade não teria mais nenhum sentido justamente no momento em que a terminologia tradicional permanece designando dois partidos contrapostos?[17]

Não se venha argumentar que a persistência de uma diversificação que já teria perdido sua razão de ser é um ulterior sinal do atraso italiano. Querem ver como termina o livro de Marcel Gauchet sobre a história desta distinção, mesmo que a narração histórica esteja limitada à França? "Independentemente do que vier a ocorrer, direita e esquerda têm hoje uma vida autônoma com respeito à matriz em cujo interior foram originariamente desenvolvidas. Conquistaram o planeta. Tornaram-se categorias universais da política. Fazem parte das noções de base que

---

16 Nas eleições para a renovação das 630 cadeiras da Câmara dos Deputados, realizadas em 26-27 de março de 1994, defrontaram-se basicamente duas grandes frentes político-partidárias: o Polo da Liberdade, agregando partidos e movimentos de direita, e uma aliança coordenada pelo Partido Democrático da Esquerda, ex-PCI. Abertas as urnas, a coalizão Polo da Liberdade obteve 58,1% dos votos, assim distribuídos: Força Itália, de Silvio Berlusconi, 24,6%; Liga do Norte, de Umberto Bossi, 16,8%; e Aliança Nacional, de Gianfranco Fini, 16,7%. A coalizão de esquerda, representada essencialmente pelo Partido Democrático da Esquerda e por sua dissidência, a Refundação Comunista, ficou com 33,8%. E o centro, ocupado pelo Partido Popular, ex-Partido Democrata Cristão, e por alguns outros grupos menores, ficou com 7,3%. Em decorrência desses resultados, o empresário Silvio Berlusconi, magnata das comunicações, foi incumbido pelo presidente Oscar Luigi Scalfaro de formar o governo, dando origem assim ao primeiro gabinete de direita da Itália após o fim do fascismo. Seu gabinete durou até dezembro de 1994. (N. T.)

17 Uma crítica muito severa, à qual será preciso retornar, foi feita por Ida Magli, que contesta não só meu critério de distinção entre direita e esquerda, mas também, de modo mais geral, o uso e o abuso do pensamento dicotômico, considerando-o uma "forma de organização social 'primária', 'selvagem', como Lévi-Strauss demonstrou abundantemente", do que derivaria "a obtusa vontade de não compreender" manifestada por quem continua a dividir o mundo em direita e esquerda. (*La bandiera strappata. I Totem infranti della politica dalla Resistenza a Tangentopoli e oltre*, Parma: Guanda, 1994, p.87).

habitualmente informam o funcionamento das sociedades contemporâneas".[18]

Com relação às críticas dirigidas não à substância, mas ao método, não tenho dificuldade em admitir que o método de análise conceitual que me é familiar pode parecer árido demais para quem permaneceu fiel ao método histórico, para quem considera que o fluir da história – o rio em cujas águas jamais podemos nos banhar duas vezes – não possa ser contido ou represado por margens ou diques artificiais sem que perca a força e as características naturais. Em meu ecletismo – não tenho nenhuma hesitação em usar essa palavra, que significa "olhar um problema por todos os lados" e é um modo de pensar que tem um reflexo prático em meu moderantismo político, outra palavra que não me envergonho de pronunciar, desde que entendida não negativamente como oposta a radicalismo, mas positivamente como oposta a extremismo –,[19] nunca considerei os dois métodos incompatíveis. Sempre pensei, ao contrário, que eles se integram reciprocamente. Quem trabalha com o método analítico nunca deve esquecer que a realidade é bem mais rica do que as tipologias abstratas, que devem ser continuamente revistas para dar conta dos novos dados ou de novas interpretações dos dados já conhecidos. Mas o historiador também deve se dar conta de que, para compreender, descrever e ordenar a realidade de fato revelada pelos documentos, não pode abrir mão de conceitos abstratos, cujo significado, saiba ou não saiba, lhe é fornecido pelos cultores da análise. Excelente testemunha dessa recíproca colaboração é o recente debate entre historiadores, filósofos e estudiosos de política, dedicado a estabelecer se a guerra de libertação na Itália

---

18 M. Gauchet, op. cit., 1994, p.84.

19 Na resenha que fez de meu livro ("La sinistra secondo Bobbio. La sinistra secondo noi", in *Liberazione*, n.11, 19-25 de março de 1994), A. Leone De Castris vê precisamente em meu moderantismo as razões do dissenso: "mas o fato é que, para Bobbio, importa indicar em termos de moderantismo as desgastadas ideias do progresso gradual e sem saltos".

foi ou não uma guerra civil. O debate pareceu estéril e inconclusivo até o momento em que foram definidas as características essenciais segundo as quais a guerra civil se distingue da guerra internacional.[20] O único modo de refutar minha tentativa de redefinir a díade especificando o critério da distinção é o de mostrar a insuficiência deste critério e substituí-lo por outro. E para conseguir isso, não vejo que outro método possa ser empregado senão, mais uma vez, o método analítico.

Como já observei, ao segundo grupo de críticos pertencem os que consideram que a díade ainda tem sentido, mas não estão convencidos da adequação do critério que adotei para estabelecer a distinção. Admito que considerar a aspiração à igualdade como razão fundamental dos movimentos de esquerda não é uma ideia pessoal, minha. Eu a acolhi como expressão de uma *communis opinio*, de que tratei em dois capítulos e em algumas notas.

Limitei-me a buscar uma explicação simples das origens desta distinção. Meu objetivo é mostrar não só a validade dela, mas também sua recorrência, não obstante a modificação das situações históricas por intermédio das quais, com base no mutável juízo a respeito do que é relevante e do que é irrelevante, mudam os critérios para estabelecer quais pessoas devem ser consideradas iguais e quais devem ser consideradas desiguais. Além do mais, são os que refutam o critério por mim adotado que se põem fora da tradição sem apresentar argumentos para justificar sua preferência ou para refutar os argumentos dos adversários.

Há quem tenha sustentado que o traço característico da esquerda é a não violência.[21] Mas a renúncia ao uso da vio-

---

20 Cf. N. Bobbio, "Guerra civile?", in *Teoria Politica*, v.VIII, n.1-2, p.297-307, 1992, escrito por ocasião da publicação do livro de Claudio Pavone, *Una guerra civile. Saggio storico sulla moralità della Resistenza*, Torino: Bollati Boringhieri, 1991.

21 G. Vattimo, "Ermeneutica e democrazia", in *MicroMega*, n.3, p.48, 1994. A polêmica de Vattimo é dirigida contra o fundamentalismo, ou seja, contra a consideração da violência entendida "como afirmação peremptória de uma ultimidade que, tal como o fundamento último

lência para conquistar e exercer o poder é a característica do método democrático, cujas regras constitutivas prescrevem vários procedimentos para a tomada de decisões coletivas por meio do livre debate, que pode dar origem ou a uma decisão acordada ou a uma decisão tomada pela maioria. Prova disso é que, num sistema democrático, a alternância entre governos de direita e de esquerda é possível e legítima. Além do mais, definir a esquerda mediante a não violência leva à necessidade de identificar a direita com o governo da violência, o que é específico, conforme a outra grande dicotomia que cruzo com a dicotomia direita-esquerda, da extrema-direita, não da direita genericamente entendida. Também não me parece convincente a figuração da esquerda como a posição que tende à criação de sociedades abertas contra as sociedades fechadas, que expelem os diversos.[22] As sociedades abertas vivem e se expandem no interior das estruturas institucionais dos regimes democráticos. Não preciso sublinhar a importância do livro sobre a "sociedade aberta" de um dos mais conhecidos teóricos da democracia, Karl Popper. É verdade, porém, que um governo de direita, embora respeitando as regras da democracia, consente ou promove uma política menos

---

da metafísica (e também o Deus dos filósofos), não admite ulterior interrogação sobre o porquê, interrompe o diálogo, silencia".

22 Refiro-me à entrevista concedida a Iolanda Bufalini pelo filósofo espanhol Fernando Savater: "Farei così l'identikit del progressista", in *L'Unità*, p.2, 23 de junho de 1994. Do mesmo autor, ver "La libertà politica come valore universale", in *MicroMega*, n.3, p.67-72, 1994, em que rejeita a igualdade como mutiladora e admite a necessidade de "mecanismos destinados a mitigar os excessos". Savater considera que o valor fundamental das comunidades políticas atuais é a liberdade, entendida como autonomia, mas põe a *libertas a miseria* ao lado da *libertas a coactione*. Por esquerda entende: a) insistência sobre o máximo de transparência e participação; b) universalização da instituição política da liberdade tanto formal quanto substancial (por liberdade substancial entende a *libertas a miseria*). Chama nossa atenção para a consideração de que "o nosso mais autêntico grupo de pertencimento é o grupo humano" (p.71). O pertencimento ao comum grupo humano é o que eu considero o fundamento do valor ideal da igualdade.

igualitária, como Fernando Savater admitiu ao se referir ao novo prefeito de Madri, do Partido Popular, que, diante do infortúnio que se abateu sobre um grupo de imigrantes, comentou: "Podiam muito bem estar na casa deles".

Gostaria de citar ainda um clássico contemporâneo do liberalismo, Isaiah Berlin, que considera de esquerda o liberalismo que se opõe ao excessivo poder da autoridade fundada sobre a força da tradição, na qual identifica a principal característica das direitas.[23] Ao mesmo tempo, Berlin também sustenta que o regime autoritário da União Soviética tornou imprestável o uso da distinção entre direita e esquerda, ao usurpar a palavra esquerda. Observo que semelhante afirmação mostra que "esquerda" tem, para quem a enuncia, um significado axiológico positivo, embora possa ter, como todas as palavras da linguagem política, que não é uma linguagem rigorosa, ambos os significados emotivos, positivo e negativo, conforme quem delas se apropria e o contexto em que tal apropriação ocorre. Isso explica também por que o próprio Berlin chama de esquerda a doutrina liberal que mais lhe agrada, e para cuja reformulação dedicou suas obras mais conhecidas e justamente mais celebradas. Na realidade, o liberalismo de que ele fala – incluindo no mesmo juízo favorável tanto o "New Deal" de Roosevelt, quanto os trabalhistas de Attlee – é o liberalismo social, que se diferencia do liberalismo clássico próprio dos partidos liberal-liberistas por uma componente igualitária, suficiente, por si só, para incluí-lo sem contradições entre as doutrinas de esquerda.[24]

---

23 Refiro-me ao diálogo entre Isaiah Berlin e Steven Lukes, *Tra filosofia e storia delle idee. La società pluralistica e i suoi nemici*, Firenze: Ponte alle Grazie, 1994, em particular ao parágrafo "A esquerda, hoje" (p.88-96).

24 Neste grupo deve-se também incluir D. Cofrancesco que, comentando meu livro, insistiu numa nova proposta de distinção, por mim já ilustrada na primeira edição (capítulo 5, parte 1). Argumenta que o melhor critério para distinguir a direita da esquerda é a posição diante do poder: a direita sublinha sua imprescindibilidade, a esquerda denuncia suas potencialidades repressivas e desumanizadoras. Não

Não o liberalismo, mas a liberdade, como valor fundamental – a liberdade e não a igualdade –, seria a característica da esquerda conforme Vittorio Foa, meu velho amigo Vittorio, com quem sempre tive algo para aprender. No diálogo com o filho Renzo, há pouco publicado pela Editora Donzelli, com o título *Del disordine e della libertà*, rememorando a experiência da guerra antifascista, da qual foi um dos protagonistas, Vittorio Foa escreve que "a liberdade constitui o mais forte elemento de animação da esquerda deste século" e, ao mesmo tempo, considera "não generosa" a afirmação de que "a direita é desigualdade".[25] Fiquemos atentos para não brincar com as palavras, especialmente quando nos encontramos diante de palavras escorregadias como "liberdade" e "igualdade". Todavia, creio poder dizer que o que faz de um movimento de libertação um movimento de esquerda é o fim ou o resultado a que se propõe: a derrubada de um regime despótico fundado na desigualdade entre quem está em cima e quem está embaixo na escala social, percebido como uma ordem injusta, e injusta precisamente porque inigualitária, porque hierarquicamente constituída; e a luta contra uma sociedade na qual existem classes privilegiadas e, portanto, em defesa e pela instauração de uma sociedade de iguais juridicamente, politicamente, socialmente, contra as mais comuns formas de discriminação, como são as que estão relacionadas no Artigo 3 da Constituição Italiana, corretamente considerado

---

me reconheço neste novo critério proposto por Cofrancesco, pois a esquerda, assim entendida, parece se identificar com a anarquia, que tradicionalmente é identificada com os movimentos de esquerda. As palavras têm um significado histórico próprio, que, numa definição, não pode ser completamente descurado.

25 O filho Renzo, que algumas vezes atua como interlocutor do pai neste tema, parece retornar às características tradicionais da esquerda, em contraste com a tese paterna, falando de "justiça e solidariedade", sustentando que a função da esquerda se exauriu na medida em que se afirmaram algumas de suas ideias fundamentais, como a igualdade social e a combinação dos direitos individuais com os direitos sociais, vale dizer, a sua função igualitária.

a maior contribuição dada pelos partidos de esquerda à formação da Carta Constitucional da Itália.[26] Nem todas as lutas de libertação são por si mesmas lutas de esquerda, ou apenas de esquerda, a começar pela própria Resistência antifascista, da qual participaram pessoas e movimentos que não eram de esquerda (basta pensar em De Gaulle na França). De resto, o próprio Foa dá à Resistência, quase sem perceber, tanto o fato lhe é natural, a típica interpretação de esquerda, quando afirma que "a nós jovens antifascistas parecia absolutamente claro que só se pode ser livre se se eliminam os fatores fundamentais, sociais, culturais e morais da desigualdade". É a interpretação segundo a qual a Resistência foi uma luta não só pela liberdade, mas também pela igualdade. Vittorio Foa não pensa então que esta sua interpretação deva ser incluída entre as interpretações de esquerda, que ela foi a dos comunistas e em parte também a do Partido da Ação, precisamente porque concebe aquele movimento popular não só como libertário, mas também como igualitário? Quanto à relação entre direita e desigualdade, disse e repeti várias vezes que a direita é inigualitária não por más intenções – e portanto, para mim, afirmar que o inigualitarismo é a característica principal dos movimentos de direita não se mostra como um juízo moral –, mas porque considera que as desigualdades entre os homens são não apenas inelimináveis (ou são elimináveis apenas com o sufocamento da liberdade) como são também úteis, na medida em que promovem a incessante luta pelo melhoramento da sociedade. O que há de "não generoso" em semelhante juízo?

Retorno mais uma vez à distinção, que está na base de meu raciocínio, entre significado descritivo e significado emotivo das palavras. Faço isso porque se trata de uma distinção fundamental, sobre a qual nenhum crítico depo-

---

26 Ver a íntegra deste Artigo na nota acrescentada na abertura do capítulo 8 ("A estrela polar") do presente livro. Bobbio também comenta esta passagem da Constituição Italiana no capítulo 6 ("Igualdade e desigualdade"), especialmente p.124, nota 11. (N. T.)

Direita e esquerda

sitou a devida atenção. Quem se considera de esquerda, do mesmo modo que quem se considera de direita, admite que as respectivas expressões estão referidas a valores positivos. Esta é a razão pela qual um e outro não deixam de incluir a liberdade entre estes valores. Como procurei mostrar, desenvolvendo melhor o argumento nesta nova edição, o contraste entre libertários e autoritários corresponde a uma outra distinção, que não se superpõe à distinção entre direita e esquerda, mas com ela se cruza. Do ponto de vista analítico em que me coloquei, o objetivo foi o de fazer emergir da prática política habitualmente seguida e das opiniões correntes, tanto as doutas quanto as populares, o significado descritivo dos termos, independentemente do seu significado emotivo. Ainda que eu me considere emotivamente de esquerda, como afirmei no último capítulo (que, contrariamente às minhas intenções, acabou por fazer que meu livro fosse entendido como um manifesto eleitoral), a análise que busquei realizar prescinde completamente de juízos de valor. De fato, num dos primeiros artigos que comentaram o livro foi escrito que "já há tempo Bobbio se empenha para restituir plena cidadania política e moral aos termos 'esquerda' e sobretudo 'direita'".[27] Por isso, o argumento mais frequentemente adotado pelos críticos – o de que o sistema soviético teria destruído a esquerda e em consequência demonstraria a inutilidade da distinção – é

---

27 R. Rosati, op. cit., p.24. Na primeira entrevista que concedi por ocasião da publicação do livro, mencionei a Nello Ajello o significado emotivo inconstante daqueles termos, conforme o momento e as pessoas que se considerem, afirmando: "Ocorre que a direita não está mais em condições de se envergonhar. Após a Libertação [do fascismo], dizer-se de direita era um ato de coragem ou mesmo de desfaçatez. Hoje, podemos quase dizer que é um ato de coragem confessar-se de esquerda. A esquerda é contestada e se autocontesta. A uma onda de esquerda seguiu-se uma onda de direita. Até há uma dezena de anos, considerava-se a esquerda como positiva e a direita como negativa: hoje vale o contrário. Modificou-se o significado valorativo dos termos. Porém, para além destas cambiantes avaliações, eles continuam a descrever uma dupla de realidades relativamente estáveis." ("Gli estremi nemici", in *La Repubblica*, 6 de março de 1994).

irrelevante do ponto de vista analítico. O ideal da igualdade pode encontrar diversas soluções no plano prático. Que algumas delas tenham se revelado boas e outras não, que algumas agradem e outras não, é um problema de grande importância prática, mas inteiramente distinto.[28]

Além daqueles que criticam a distinção e daqueles que não aceitam o critério, há os titubeantes, que aceitam a distinção, não refutam o critério por mim estabelecido, mas consideram-no hoje insuficiente. Refiro-me em particular àqueles que reconhecem que "a crise das ideologias, a variabilidade dos critérios de julgamento moral, a natureza técnica e sempre mais complexa dos problemas políticos, o pluralismo e a segmentação das filiações sociais fazem de cada cidadão um sujeito político 'transversal' com respeito ao esquema axial direita-esquerda", mas consideram que, além do tema tradicional da igualdade, seria necessário, para redefinir a díade, incluir outros critérios como "os da autonomia e da identidade das pessoas, do pluralismo das culturas e dos pertencimentos, da radical contextualidade dos valores morais, da dispersão da 'esfera pública' provocada pelos meios de comunicação nas sociedades informáticas".[29] É incontestável que, hoje, uma

---

28 Assim como não é um argumento contra a identificação da esquerda com a aspiração à igualdade a constatação de que hoje a esquerda persegue este ideal com palavras mas não com fatos, como sustenta A. Jacono, "Eguaglianza e differenza, il problema è qui", in Il *Manifesto*, 22 de maio de 1994, sobretudo deixando entender que, ao assim proceder, a esquerda trabalha menos por seu objetivo. Será necessário reafirmar mais uma vez que não há nenhum contraste entre o ideal da igualdade e o reconhecimento da diversidade? A diferença entre direita e esquerda está no diverso critério com base no qual se julga quem são os iguais e quem são os diversos.

29 D. Zolo, "La sinistra di Bobbio", in *L'Unità*, 19 de março de 1994. Zolo retornou mais amplamente ao assunto ao participar da apresentação da primeira edição deste livro, em Florença, promovida por F. Focardi, presidente do Círculo "*In Formazione*". Sua intervenção está em fase de publicação na revista *Eidos*. Após ter relevado qualidades e defeitos, põe em evidência a cada vez maior dificuldade de distinguir a direita da esquerda na sociedade contemporânea e conclui que a esquerda deveria se identificar cada vez mais com a defesa dos direitos

Direita e esquerda

das razões da desorientação da esquerda vem do fato de que no mundo contemporâneo emergiram problemas que os movimentos tradicionais da esquerda jamais se tinham posto, ao mesmo tempo que perderam validade alguns dos pressupostos sobre os quais haviam se apoiado não só o próprio projeto de transformação da sociedade mas também a sua força. Eu mesmo já insisti várias vezes sobre isso.[30] Nenhuma pessoa de esquerda (*sinistrorso*) pode negar-se a admitir que a esquerda de hoje não é mais a de ontem. Mas, enquanto existirem homens cujo empenho político seja movido por um profundo sentimento de insatisfação e de sofrimento perante as iniquidades das sociedades contemporâneas – hoje talvez menos ofensivas do que em épocas passadas, mas bem mais visíveis –, eles carregarão consigo os ideais que há mais de um século têm distinguido todas as esquerdas da história.

Em conclusão, não ousaria dizer que o debate sobre a contestadíssima contraposição, ocorrido por ocasião

---

de cidadania, em favor sobretudo dos direitos não aquisitivos e dos direitos de autonomia. Quanto aos direitos sociais, conquista histórica da esquerda, sustenta que uma esquerda digna deste nome tem hoje a obrigação de resistir à tentativa liberal de desmantelar os aparatos do Estado social. Ver também A. Bolaffi, "L'uguaglianza ci divide" (cujo subtítulo é "Verdades incômodas e algumas dúvidas"), in *Il Messaggero*, 1º de março de 1994. Após apresentar meu então recém-publicado livro como a abertura da campanha eleitoral e recordar a opinião de Forattini, segundo a qual "direita e esquerda são categorias confortáveis e instrumentos ideológicos imprestáveis", Bolaffi parece no entanto bem convencido da minha tese, lamentando que a minha reflexão "pare justamente onde deve iniciar". De acordo, mas de onde recomeçar? Ao que tudo indica, do reconhecimento da diversidade, que Bolaffi considera incompatível com o direito à igualdade. O princípio máximo da justiça, "*Suum cuique tribuere*", está fundado precisamente sobre a exigência de se reconhecer a diversidade. A regra áurea da justiça, segundo a qual os iguais devem ser tratados de modo igual, implica que os desiguais devem ser tratados de modo desigual. O critério de distinção entre direita e esquerda está no diverso critério pelo qual os iguais se distinguem dos desiguais.

30 A última vez, no volume *Sinistra punto zero*, op. cit. (cf. no presente volume a nota 2 do Prefácio à primeira edição, p.46).

do aparecimento de meu livro, tenha dado muitos passos avante. Não excluo minha responsabilidade por não ter conseguido acrescentar, à resenha dos textos precedentes e ao comentário das teorias alternativas, uma *pars construens* suficientemente documentada e elaborada.[31] Por ter levado a sério as críticas dos comentadores e as dúvidas dos leitores, ampliei nesta nova edição o capítulo em que exponho a tese central, atualizando-o com base em livros que não conhecia ou que foram posteriormente publicados; além do mais, dividi este capítulo em dois, de modo que ficasse em melhores condições de esclarecer e ao mesmo tempo justificar o posto que atribuo aos supremos valores da igualdade e da liberdade na interpretação da "grande divisão": grande na história da luta política na Europa do último século e, em minha obstinada e convicta opinião, mais viva do que nunca. Não saberia dizer se fui bem-sucedido. Mas não poderia deixar de responder aos meus críticos. O único modo de considerá-los seriamente era o de corrigir erros materiais, tornar mais claras certas expressões obscuras ou ambíguas e enriquecer a documentação das notas, sem renunciar às minhas teses de fundo e procurando, quando fosse o caso, torná-las, senão menos discutíveis, merecedoras de ainda continuarem a ser discutidas.[32]

Escrevi estas páginas num momento em que adquiria particular rancor um debate sobre os intelectuais, que

---

31 Como destacou G. Pasquino numa resenha de meu livro, in *Reset*, n.5, p.76-7, abril de 1994.

32 Menciono algumas outras resenhas de que tive notícia: A. Massarenti, "Bobbio e lo spazio della sinistra", in *Il Sole-24 ore*, 6 de março de 1994; G. Paolini, "Insieme a Norberto Bobbio a destra e a sinistra", in *Il Gazzettino*, 21 de março de 1994; R. Virgilio, "Quale eguaglianza?", in *Anemos*, n.III, p.3, março-abril de 1994; M. Ostinelli, "Eguaglianza, destra e sinistra", in *Corriere del Ticino*, 23 de abril de 1994; B. Vasari, "Ciò che ci distingue. Destra e sinistra: una contrapposizione che conserva intatta la sua validità", in *Lettera ai compagni. Rivista della FIAP*, abril de 1994; G. Borelli, "Bobbio tra destra e sinistra", in *L'Arena*, 13 de junho de 1994; B. Lai, "Destra e sinistra", in *L'Unione Sarda*, 18 de maio de 1994.

transcorria há meses, confuso e irreverente como sempre acontece quando os intelectuais brigam entre si: os contendores desejavam saber se houvera uma hegemonia dos intelectuais de esquerda (naturalmente perversa) e se havia de novo, por quais razões e com que força de penetração uma cultura de direita que até então estivera marginalizada. Nunca, como neste atual período de transição, a cultura de direita suscita tanta curiosidade e tanto interesse, mesmo por parte de quem não é de direita. Ao que parece, todos os que entraram neste debate, e são muitos, estão certos de que "direita" e "esquerda" não são "caixas vazias". E então? Seriam todos discursos insensatos? De qualquer modo, não é certamente insensato o discurso, com o qual tenho o prazer de encerrar este novo convite à discussão, de quem encontra no iluminismo pessimista (expressão que eu próprio havia empregado muitos anos atrás)[33] a postura que, sendo capaz de acolher as vozes da literatura pessimista, não se deixa por elas ensurdecer. "Talvez seja a esquerda democrática que possa e deva escutar as vozes que ensinam que o homem é malvado, mas precisa ser ao mesmo tempo auxiliado de todos os modos, incluindo os mais prosaicos, como a assistência à saúde e a aposentadoria."[34]

Turim, janeiro de 1995.
Norberto Bobbio

---

33 N. Bobbio, *Politica e cultura*, Torino: Einaudi, 1955, p.202.

34 C. Magris, "Cultura: la destra e la sinistra. Il pessimismo contro l'illuminismo", in *Corriere della Sera*, 26 de junho de 1994.

Prefácio à primeira edição italiana, 1994

Nunca se escreveu tanto como hoje contra a tradicional distinção entre direita e esquerda, considerada uma distinção que já teria tido o seu tempo e estaria despojada de qualquer sentido, se é que teve algum no passado.[1] Nunca como hoje, nos dias em que escrevo estas linhas, às vésperas das próximas eleições para a renovação do Parlamento italiano, a cena política da Itália esteve tão dominada por dois alinhamentos que se proclamam, respectivamente, de direita e de esquerda e que, sob essas

---

1 O melhor estudo que conheço sobre o assunto, escrito em 1990, mas ainda não publicado – *Destra e sinistra. L'identità introvabile*, de Marco Revelli –, começa assim: "Estranho destino tiveram, neste último lapso de século, os conceitos, antitéticos e complementares, de direita e esquerda. Dois conceitos que, nos limites de pouco mais de um decênio, deixaram de ser o critério constitutivo e fundante do discurso político, e não só do inelimínável antagonismo por ele pressuposto – critério não apenas *descritivo* da realidade, mas também *prescritivo* do agir –, e se tornaram sucata ideológica para ser exibida no grande museu de cera ao lado das velhas ilusões de palingenesia e das roupas abandonadas do militante político" (p.1). Recentemente, houve mesmo quem se perguntasse se não estaríamos nos aproximando de uma sociedade de ambidestros: "uma sociedade na qual, eliminadas a direita e a esquerda em política, sairiam também de cena o sacro e o profano, o alto e o baixo, e todos os outros habituais companheiros" (M. Bettini, "Le anime perse vanno a sinistra", in *La Repubblica*, 31 de julho de 1993).

Norberto Bobbio

duas bandeiras, se preparam para lutar furiosamente um contra o outro pelo governo do país.

Donde ser possível perguntar: direita e esquerda ainda existem? E se existem ainda, e estão em campo, como se pode dizer que perderam completamente o significado? E se ainda têm um significado, qual é ele?[2]

Há anos recolho anotações sobre este tema, que alimentou um debate interminável e do qual nasceram

---

2 A tomada de consciência da necessidade de começar a discutir a razão e o significado da esquerda, inclusive por pessoas alinhadas à esquerda, pode ser datada do seminário sobre o conceito de esquerda ocorrido em Roma em outubro de 1981, cujas principais contribuições foram recolhidas no volume *Il concetto di sinistra*, Milano: Bompiani, 1982. No primeiro ensaio, "Sinisteritas", Massimo Cacciari pergunta-se não só como redefinir a esquerda, mas também se "ainda faz sentido desejar fazê-lo". Seguem as respostas de Elvio Fachinelli, Federico Stame, Paolo Flores d'Arcais, Gianni Vattimo, Fernando Vianello, Giulio Giorello e Marco Mondadori, Michele Salvati, Salvatore Veca, Giacomo Marramao. Todo o livro está atravessado por uma postura que critica a esquerda por ter-se identificado com o marxismo, ainda que esta crítica se redima com a exigência, formulada de diversos modos, de que se redescubram as próprias boas razões para além da crise do marxismo. No ensaio de Flores d'Arcais – que não por acaso é um dos fundadores da revista *MicroMega*, cujo subtítulo é "As razões da esquerda" –, afirma-se que uma "coleção de valores" e não só de "emoções" acompanha historicamente o conceito de esquerda e que o inventário desses valores é simples: "liberdade, igualdade, fraternidade". Conclusão: "Não se comete nenhum arbítrio ao interpretar o conceito de esquerda como estenograma de liberdade, igualdade, fraternidade" ("Servitù ideologiche o liberi valori", p.45-75; a passagem citada está na p.59). Desde então, foram inúmeros os debates sobre a esquerda e seu futuro. Limito-me a recordar o volume *Sinistra punto zero*, organizado por G. Bosetti, Roma: Donzelli, 1993, no qual também há um artigo meu, "La sinistra e i suoi dubbi", p.83-97, e o seminário internacional, organizado pela Fundação Carlo Rosselli, "What is left?", ocorrido em Turim em 3-4 de dezembro de 1992, para cuja apresentação escrevi no jornal *La Stampa* de 3 de dezembro um artigo intitulado "Sinistra e destra" (sob a rubrica "Una distinzione che non è finita"), que provocou algumas sérias objeções da parte de Geno Pampaloni ("Destra e sinistra, storico pasticcio", em *La Nazione*, 13 de dezembro de 1992).

as mais disparatadas e contraditórias teses. Reconheço, no entanto, que tais anotações são poucas gotas em um imenso oceano. Muitas das páginas que agora vêm à luz foram escritas há muito tempo e nunca chegaram a ser publicadas, ainda que as teses nelas defendidas tenham sido apresentadas em seminários e debates públicos.[3] A atual confusão de linguagens no discurso político está agravada pelo fato de que parece não ser mais possível desconsiderar duas palavras-chave nesse discurso – precisamente "direita" e "esquerda, com frequência e com diversos argumentos renegadas. Duas palavras que são ainda hoje tão carregadas de significado emotivo que acirram os ânimos, a ponto mesmo de serem usadas pelas duas partes ou para magnificar seu respectivo campo ou para insultar o campo adversário. Justamente por isso, pareceu-me chegado o momento favorável para retomar aqueles antigos papéis, ordená-los, acrescentar-lhes uma conclusão, algumas notas, e colocá-los ao alcance do público.

No decorrer do trabalho, procurei não me deixar influenciar demais pelas opiniões oscilantes, frequentemente improvisadas em um ou outro artigo de jornal ou de revista, com base nas quais se corre o risco de não se compreender nem a sobrevivência da distinção, apesar de todas as refutações, nem os ódios e os amores que continuam a mantê-la viva.[4] Examinei sucessivamente os

---

3 Refiro-me em particular ao seminário "Ética e Política" que, a partir de 1979, passou a ter lugar no Centro de Estudos Piero Gobetti, de Turim, sob a coordenação de Pietro Polito e Marco Revelli e com a colaboração de um grupo de jovens e estudiosos. Algumas sessões do seminário foram dedicadas à esquerda: "L'identità della sinistra", 1983; "La sinistra e il pensiero conservatore" (1985-1987); "La sinistra alle soglie del 2000" (1993-1994). Nesse último ciclo, foram apresentadas contribuições de M. Revelli, "Sinistra/sinistre"; F. Martini, "Sinistra e mercato"; M. Bovero, "Sinistra e valori"; eu próprio apresentei uma comunicação sobre "La sinistra e i suoi dubbi" (agora em *Sinistra punto zero*, op. cit.).

4 Um belo exemplo da disparidade de opiniões (mas seria melhor dizer, dos humores) que se manifestam quando pessoas são interrogadas diretamente, quase que por divertimento, sobre essa sempre

argumentos pró e contra (para usar uma expressão corrente: as "retóricas") de que se serviram os contendores, as razões que a cada vez foram usadas para defender a morte ou a sobrevivência da contraposição, os critérios adotados pelos que a defenderam, tomando em particular consideração alguns autores que dedicaram à formulação do critério previamente escolhido uma análise pessoal e documentada.

Nos últimos dois capítulos apresentei, à guisa de conclusão das leituras e das observações que pouco a pouco fui fazendo, aquele que, em meu juízo, é o núcleo irredutível, inelimiável, e como tal sempre ressurgente, ao mesmo tempo ideológico, histórico e existencial da dicotomia. Olhando as coisas a uma certa distância, nunca me pus o problema de também estabelecer uma valoração. Não me pergunto quem tem razão e quem não tem, pois não creio que seja de alguma utilidade confundir o juízo histórico com minhas opiniões pessoais, embora não faça nenhum mistério, no final das contas, de qual das partes me sinto mais próximo.

Turim, fevereiro de 1994.

Norberto Bobbio

---

presente e incômoda distinção, da qual todos desejariam se libertar, é a página de Asterischi Laterza (outubro-dezembro de 1993), que reproduz doze respostas que conhecidos intelectuais deram à pergunta: "Existem ainda uma direita e uma esquerda, existem ainda ideologias e políticas que distinguem esses dois alinhamentos no Ocidente, e portanto entre nós, na Itália?" A maioria considerou que a distinção ainda teria valor, mas os critérios para justificá-la foram os mais variados.

1
A distinção contestada

1 "Direita" e "esquerda" são termos antitéticos que há mais de dois séculos têm sido habitualmente empregados para designar o contraste entre as ideologias e entre os movimentos em que se divide o universo, eminentemente conflitual, do pensamento e das ações políticas. Enquanto termos antitéticos, eles são, com respeito ao universo ao qual se referem, reciprocamente excludentes e conjuntamente exaustivos. São excludentes no sentido de que nenhuma doutrina ou nenhum movimento pode ser simultaneamente de direita e de esquerda. E são exaustivos no sentido de que, ao menos na acepção mais forte da dupla, como veremos melhor a seguir, uma doutrina ou um movimento podem ser apenas ou de direita ou de esquerda.

Como já afirmei várias vezes a propósito daquilo que chamei de as "grandes dicotomias" em que qualquer campo do saber está dividido, também da dupla de termos antitéticos direita e esquerda pode-se fazer um uso descritivo, um uso axiológico, um uso histórico: descritivo, para dar uma representação sintética de duas partes em conflito; axiológico, para exprimir um juízo de valor positivo ou negativo sobre uma ou outra das partes; histórico, para assinalar a passagem de uma fase a outra da vida política de uma nação. O uso histórico, por sua vez, pode ser descritivo ou valorativo.

A contraposição entre direita e esquerda representa um típico modo de pensar por díades, a respeito do qual já foram apresentadas as mais diversas explicações – psicológicas, sociológicas, históricas e mesmo biológicas. Conhecem-se exemplos de díades em todos os campos do saber. Não há disciplina que não seja dominada por algum tipo de díade onicompreensiva: em sociologia, sociedadecomunidade; em economia, mercado-plano; em direito, privado-público; em estética, clássico-romântico; em filosofia, transcendência-imanência. Na esfera política, direita-esquerda não é a única, mas pode ser encontrada onde quer que se queira.

Existem díades em que os dois termos são antitéticos, outras em que são complementares. As primeiras nascem da interpretação de um universo concebido como composto de entes divergentes, que se opõem uns aos outros; as segundas, da interpretação de um universo harmonioso, concebido como composto de entes convergentes, que tendem a se encontrar e a formar juntos uma unidade superior. A dupla direita-esquerda pertence ao primeiro tipo. Já que muitas vezes o modo de pensar por tríades é gerado pelo modo de pensar por díades, sendo dele, por assim dizer, um desenvolvimento, bem diverso é o processo caso se parta de uma díade de termos antitéticos ou de uma díade de termos complementares. No primeiro caso, a passagem ocorre por síntese dialética, ou por negação da negação; no segundo, por composição.

As reflexões seguintes nascem da constatação de que, nestes últimos anos, tem sido repetidamente afirmado, a ponto mesmo de se converter em lugar-comum, que a distinção entre direita e esquerda – que por cerca de dois séculos, a partir da Revolução Francesa, serviu para dividir o universo político em duas partes opostas – não tem mais nenhuma razão para ser utilizada. É usual a referência a Sartre, que parece ter sido um dos primeiros a dizer que direita e esquerda são duas caixas vazias. Não teriam mais nenhum valor heurístico ou classificatório, e menos ainda valorativo. Delas se fala frequentemente com um certo enfado, como de uma das tantas armadilhas linguísticas em que se deixa aprisionar o debate político.

2 São várias as razões desta opinião que se difunde cada vez mais, e da qual seria possível apresentar infinitos testemunhos quotidianos. Vejamos algumas delas.

Na base e na origem das primeiras dúvidas sobre o desaparecimento da distinção, ou ao menos sobre sua menor força representativa, estaria a chamada crise das ideologias. Pode-se tranquilamente objetar, como já foi feito, que na realidade as ideologias não deixaram de existir e estão, ao contrário, mais vivas do que nunca. As ideologias do passado foram substituídas por outras, novas ou que pretendem ser novas. A árvore das ideologias está sempre verde. Além do mais, como já foi diversas vezes demonstrado, não há nada mais ideológico do que a afirmação de que as ideologias estão em crise. E depois, "esquerda" e "direita" não indicam apenas ideologias. Reduzi-las a pura expressão do pensamento ideológico seria uma indevida simplificação. "Esquerda" e "direita" indicam programas contrapostos com relação a diversos problemas cuja solução pertence habitualmente à ação política, contrastes não só de ideias, mas também de interesses e de valorações a respeito da direção a ser seguida pela sociedade, contrastes que existem em toda sociedade e que não vejo como possam simplesmente desaparecer. Pode-se naturalmente replicar que os contrastes existem, mas não são mais os do tempo em que nasceu a distinção; modificaram-se tanto que tornaram anacrônicos e inadequados os velhos nomes. Mas isso é o que veremos a seguir.

Recentemente, chegou-se mesmo a afirmar que, como o conceito de esquerda reduziu drasticamente sua própria capacidade conotativa – tanto que dizer-se de esquerda, hoje, é uma das expressões mais imprecisas do vocabulário político –, a velha dupla poderia ser substituída por outra: progressista-conservadores.[1] Mas houve também quem,

---

1 Cf. F. Adornato, "Si fa presto a dire sinistra", in *La Repubblica*, 7 de julho de 1993, e "La rivoluzione italiana", idem, 21 de abril de

de modo ainda mais radical, rejeitou toda e qualquer persistente visão dicotômica, defendendo que mesmo esta última dicotomia é uma das tantas "sandices" [*"baggianate"*] ditas em "politiquês", das quais devemos nos libertar para formarmos, de agora em diante, novas agregações com base não em posições, mas em problemas.[2]

1993 ("A nova revolução italiana está reescrevendo as categorias direita-esquerda"). Uma definição diferente da díade direita-esquerda foi recentemente defendida por Sergio Benvenuto em "Tramonto della sinistra?", in *Studi Critici*, v.II, n.1-2, p.111-25, outubro de 1992, em que se propõe a substituição da díade direita-esquerda, hoje destituída de valor após a crise do comunismo que se arrastou por detrás da própria crise da social-democracia, pela díade que remete à contraposição entre Herrnes, deus do comércio, e Héstia, deusa do lar. Parece-me que por detrás destas duas figuras míticas oculta-se a oposição, bem conhecida dos sociólogos, entre sociedade e comunidade. O ensaio é muito bem documentado e articulado. Mas a velha e a nova díade não se excluem reciprocamente. Basta considerar que existem muitas esquerdas e muitas direitas, e nada impede que entre elas existam esquerdas e direitas societárias e comunitárias. Do mesmo Benvenuto, ver "Hestia-Hermes: la filosofia tra Focolare e Angelo", in *Aut-Aut*, n.258, p.29-49, novembro-dezembro de 1993.

2 Cf. A. Panebianco, "La disfida dei due poli. Destra e sinistra, vecchie etichette", in *Corriere della Sera*, 20 de janeiro de 1993. Polemizando diretamente com a Aliança Democrática, o autor demonstra ser intolerante com todas "aquelas sandices ditas, em 'politiquês' para saber quem é mais ou menos progressista ou mais ou menos moderado", lamenta todo o falatório "deliciosamente ideológico" sobre "pessoas de esquerda que alguns desejariam reformistas e outros não", sobre "direitistas que não se encontram em lugar nenhum" etc. A alternativa a estas estéreis discussões ideológicas seria, segundo o autor, um debate sobre os problemas. "Talvez (mas não é seguro) aquelas esgotadas etiquetas ainda voltem a ter sentido no futuro, mas, de qualquer modo, não será com proclamações sobre posicionamentos ou autoposicionamentos à esquerda ou à direita etc. que se poderá construir um novo sistema político." É um fato, porém, que seja sobre a escolha dos problemas a se discutir, seja sobre o modo de resolvê-los, os contrastes de opinião são inevitáveis, assim como é igualmente inevitável que se distingam as diversas opiniões com base em critérios de valor, que reproduzem contrastes de fundo. Acreditar que quando se discutem problemas concretos seja possível se colocar de acordo sobre uma única solução é fruto da costumeira ilusão tecnocrática.

3 Em segundo lugar, afirma-se que num universo político cada vez mais complexo como o das grandes sociedades, e, em particular, das grandes sociedades democráticas, torna-se sempre mais inadequada a separação muito nítida entre duas únicas partes contrapostas, sempre mais insuficiente a visão dicotômica da política. Sociedades democráticas são sociedades que toleram, ou melhor, que pressupõem a existência de diversos grupos de opinião e de interesse em concorrência entre si; tais grupos às vezes se contrapõem, às vezes se superpõem, em certos casos se integram para depois se separarem; ora se aproximam, ora se dão as costas, como num movimento de dança. Objeta-se, em suma, que em um pluriverso como o das grandes sociedades democráticas, nas quais as partes em jogo são muitas e têm entre si convergências e divergências que tornam possíveis as mais variadas combinações de umas com as outras, não se podem mais colocar os problemas sob a forma de antítese, de "ou-ou", ou direita ou esquerda, quem não é de direita é de esquerda ou vice-versa.

A objeção vai ao ponto certo, mas não é decisiva. A distinção entre direita e esquerda não exclui de modo algum, sequer na linguagem comum, a configuração de uma linha contínua sobre a qual entre a esquerda inicial e a direita final, ou, o que é o mesmo, entre a direita inicial e a esquerda final, se colocam posições intermediárias que ocupam o espaço central entre os dois extremos, normalmente designado, e bastante conhecido, com o nome de "centro". Caso se queira flertar com a linguagem da lógica, pode-se dizer que a visão diádica da política – segundo a qual o espaço político é concebido como dividido em duas únicas partes, uma das quais exclui a outra e nada entre elas se interpõe – pode ser denominada Terceiro Excluído, ao passo que a visão triádica, que inclui entre direita e esquerda um espaço intermediário, que não é nem de direita nem de esquerda, mas está entre uma e outra, pode ser denominada Terceiro Incluído. No primeiro caso, os dois termos, que mantêm entre si uma relação de "ou-ou", dizem-se contraditórios; no segundo caso, em que existe um espaço intermediário simbolizado pela fórmula "nem-nem", dizem-se contrários. Nada de estranho: entre o branco e o preto pode existir o cinza; entre o dia e a noite há o crepúsculo. Mas o cinza não elimina a diferença entre o branco e o preto, nem o crespúsculo elimina a diferença entre a noite e o dia.

4 O fato de que, em muitos sistemas democráticos com acentuado pluralismo, o Terceiro Incluído tenda a se tornar tão exorbitante que passa a ocupar a parte mais ampla do sistema político, relegando a direita e a esquerda às margens, não elimina nada da antítese originária; o próprio centro, ao se definir nem como direita nem como esquerda e não podendo se definir de outro modo, pressupõe a antítese e extrai da existência dela sua própria razão de existir. Conforme as estações e as latitudes, o crespúsculo pode ser mais ou menos longo, mas a maior ou menor duração em nada altera o fato de que sua definição depende das definições do dia e da noite.[3]

A visualização deste espaço intermediário torna possível uma compreensão mais articulada do sistema, já que permite distinguir um centro mais vizinho da esquerda, ou centro-esquerda, e um centro mais vizinho da direita, ou centro-direita, e do mesmo modo, no âmbito da esquerda, uma esquerda moderada que tende ao centro e uma esquerda extrema que ao centro se contrapõe, e igualmente, no âmbito da direita, uma direita atraída pelo centro e uma direita que dele se afasta a ponto de se contrapor em igual

---

3 Escreve Marcel Gauchet que a Restauração na França é o período em que as denominações de direita e esquerda, nascidas durante a Revolução Francesa, se consolidam e "são reconhecidas de modo definitivo". Com isso, acrescenta: "A consolidação da dupla passa por um *ménage à trois*. Existem direita e esquerda porque existe um centro." E mais: "Para que existam uma direita e uma esquerda, necessita-se ao menos de um terceiro termo, o centro. Mas se existe um centro, cada um dos partidos laterais está prisioneiro de tendências radicais que fazem com que existam ao menos duas direitas, uma direita-direita e uma direita extrema, e, de modo semelhante, duas esquerdas." M. Gauchet, *Storia di una dicotomia*, op. cit., p.65.

medida tanto ao centro quanto à esquerda. Deve-se também ter em conta que, não obstante as possíveis divisões dentro do espaço do centro, restará sempre um centro indiviso, que poderia ser chamado de centro-centro; a tríade torna-se na realidade uma pentíade.

É inútil acrescentar que tal desarticulação do sistema político é favorecida pela adoção do sistema eleitoral proporcional, que multiplica as partes até dar origem a uma multíade, bem visível num plenário circular nos moldes de um anfiteatro, no qual as diversas posições se distribuem de um extremo ao outro sem que, no entanto, o critério de divisão entre os diversos setores de representantes deixe de ser o de direita e esquerda. Enquanto no Parlamento inglês, que reflete a grande díade, senta-se ou à direita ou à esquerda, num plenário como o de Montecitorio[4] senta-se da direita à esquerda (ou vice-versa). Mas, ao mesmo tempo, a nostalgia de um sistema eleitoral com colégios uninominais (pouco importa se com um ou dois turnos), cuja finalidade seria a de tornar bipolar também o sistema político italiano – nostalgia que, de alguns anos para cá, após ter-se expressado durante um bom tempo em recorrentes projetos de reforma e em um *referendum* popular, conseguiu finalmente ser traduzida em lei pelo Parlamento –,[5] constitui uma prova histórica, diga-se o que se disser e antes de qualquer argumento doutrinário, da persistência da visão dicotômica do universo político, até mesmo num sistema que se configura como uma reta composta por numerosos segmentos. De resto, não bá melhor confirmação da persistência do modelo dicotômico do que a presença, em um universo pluralista, de uma esquerda que tende a ver o centro como uma direita

---

4 Referência à sede da Câmara dos Deputados da Itália, que funciona no Palácio de Montecitorio, projetado por Bernini em 1650 e localizado na Praça do Parlamento, centro histórico de Roma. (N. T.)

5 Após ter sofrido ajustes ao longo dos anos 1980, o sistema eleitoral italiano foi definitivamente reformulado em abril de 1993, graças a um *referendum* popular que aprovou a substituição do método proporcional, vigente desde a Constituição de 1948, por uma modalidade de método uninominal (majoritário) por distritos. (N. T.)

camuflada, ou de uma direita que tende a ver o mesmo centro como o disfarce de uma esquerda que não deseja declarar-se enquanto tal.

5 Diferente do Terceiro Incluído, seja-me permitida esta digressão, é o Terceiro Inclusivo. O Terceiro Incluído busca um espaço entre dois opostos, e enfiando-se entre um e outro não os elimina, mas os distancia, impede que se toquem e entrem em choque, ou impede a alternativa seca, ou direita ou esquerda, permitindo uma terceira solução. O Terceiro Inclusivo tende a ir além dos dois opostos e a englobá-los numa síntese superior, e anulando-os portanto enquanto tais: dito de outro modo, em vez de duas totalidades que se excluem reciprocamente e não são, como a frente e o verso da medalha, visíveis simultaneamente, faz deles duas partes de um todo, de uma totalidade dialética. Esta se distingue tanto da totalidade mecânica, na qual o todo deriva da combinação de partes componíveis, e componíveis porque compatíveis, quanto da totalidade orgânica, na qual as partes singulares estão em função do todo, e portanto não são antitéticas entre si, mas convergentes para o centro. A unidade dialética, ao contrário, caracteriza-se por ser o resultado da síntese das duas partes opostas, das quais uma é a afirmação ou tese e a outra é a negação ou antítese; a terceira parte, como negação da negação, é um *quid novum*, não como composto, mas como síntese. Enquanto o Terceiro Incluído pode ser representado pela fórmula "nem-nem", o Terceiro Inclusivo encontra sua própria representação abreviada na fórmula "e-e".

No debate político, o Terceiro Inclusivo apresenta-se normalmente como uma tentativa de Terceira Via, isto é, de uma posição que, diferentemente da do centro, não está no meio da direita e da esquerda, mas pretende ir além de uma e de outra. Em termos práticos, uma política de Terceira Via é uma política de centro, mas idealmente ela se apresenta não como uma forma de compromisso entre dois extremos, mas como uma superação simultânea de um e de outro, e portanto como uma simultânea aceitação e supressão deles (e não, como na posição do Terceiro Incluído, refutação e separação). Não Terceiro-entre, mas

Terceiro-além, no qual o Primeiro e o Segundo, em vez de serem separados um do outro e deixados entregues à oposição entre si, são aproximados em sua interdependência e suprimidos por sua unilateralidade. Qualquer figura de Terceiro sempre pressupõe as outras duas: mas o Terceiro Incluído descobre sua própria essência expelindo-as, ao passo que o Terceiro Inclusivo faz isso nutrindo-se delas. O Terceiro Incluído apresenta-se sobretudo como práxis sem doutrina, o Terceiro Inclusivo, sobretudo como doutrina em busca de uma práxis que, no momento em que é posta em operação, se realiza como posição centrista.

Destas Terceiras Vias o pensamento político, ou talvez seja melhor dizer o imaginário político, nos oferece uma miríade de exemplos. Creio ter insistido sobre isso mais do que o necessário, pois nestes últimos anos passou a fazer certo sucesso na esquerda em crise o ideal do socialismo liberal ou do liberal-socialismo, que é uma típica expressão de pensamento terceiro-inclusivo. A combinação triádica nasce sempre no meio de uma crise, como reação ao temido esgotamento da vitalidade histórica de uma antítese. Toda forma de pensamento sintético apresenta sempre um aspecto algo paradoxal, pois busca manter juntos dois sistemas de ideias opostos, que a história havia mostrado serem, até aquele momento, incompatíveis, e portanto alternativos; mas o paradoxo acaba por se justificar em decorrência do comprovado insucesso daqueles sistemas, quando considerados ou aplicados unitateralmente.

Outro típico exemplo histórico de síntese dos opostos, derivado desta vez das fileiras da direita, mas num período de crise igualmente grave, foi a ideologia da revolução conservadora, nascida após a Primeira Guerra Mundial como resposta da direita à revolução subversiva que havia levado a esquerda ao poder em um grande país, e parecia destinada a se difundir em outras regiões.[6] Porém, no

---

6 Sobre o tema, com particular referência à Itália, foi publicada recentemente a segunda edição, atualizada e ampliada, do livro de Marcello Veneziani, *La rivoluzione conservatrice in Italia*, Milano: SugarCo, 1994. A primeira edição é de 1987.

que diz respeito ao nosso tema – a contraposição entre direita e esquerda e o seu desaparecimento –, uma teoria terceiro-inclusiva pode ser sempre interpretada, em suas intenções, como uma síntese dos opostos, e praticamente como uma tentativa de salvar o que é salvável da própria posição, chamando para si, e assim neutralizando, a posição adversária.

6 Uma terceira razão para se declarar superada e rejeitar a velha díade está em observar que ela perdeu grande parte de seu valor descritivo, já que a sociedade em contínua transformação e o surgimento de novos problemas políticos – e, aqui, chamo de problemas políticos os que requerem soluções por meio dos instrumentos tradicionais da ação política, isto é, da ação que objetiva formar decisões coletivas que, uma vez tomadas, passam a vincular toda a coletividade – fizeram nascer movimentos que não se inscrevem (e eles próprios consideram ou presumem não se inscrever) no esquema tradicional da contraposição entre direita e esquerda. O caso atual mais interessante é o dos Verdes. Os Verdes são de direita ou de esquerda? Levando em conta os critérios que costumam ser habitualmente adotados para justificar a distinção (sobre os quais retomaremos em seguida), parece que podem ser considerados, conforme as circunstâncias, de direita e de esquerda, ou nem de direita nem de esquerda. Para empregar uma palavra que se tomou de uso comum na linguagem política, ainda que com significado maliciosamente pejorativo, os Verdes poderiam ser definidos como um movimento "transversal", no sentido de que atravessam os campos inimigos passando indiferentemente de um campo ao outro, e ao assim fazerem mostram cabalmente que existe um terceiro modo de pôr em crise a díade: mais do que estar *no meio de* (o Centro), mais do que ir *além de* (a Síntese), o mover-se *através de* um modo que se resolve em uma atenuação ou desautorização da díade mais do que em uma refutação ou em uma superação.

A maior prova desta ubiquidade do movimento dos Verdes está no fato de que se apoderaram do tema ecológico, e fizeram isso pouco a pouco todos os partidos sem modificar em nada sua bagagem usual, quando muito acrescentando uma ou outra valise a mais. Quem hoje ousaria tomar posição contra a exigência de se levarem consideração aqueles que, por uma forma muitas vezes inconsciente de antropomorfização da realidade natural, são chamados de direitos da natureza com respeito ao homem, dos quais nascem, pela correlação necessária entre o direito de um e o dever de outro, as obrigações do homem com respeito à natureza (ficando em aberto a questão de saber se o direito nasceu antes da obrigação ou vice-versa)? Existem porém vários modos de justificar esta radical mudança de posição (em particular do homem ocidental) diante da natureza, por efeito da qual passamos da consideração da natureza como objeto de mero domínio e dócil instrumento das necessidades humanas à ideia da natureza (inclusive a inanimada) como sujeito de direitos ou como objeto de uma utilização não mais arbitrariamente ilimitada. Segundo um ponto de vista mais metafísico-religioso, até mesmo a natureza pertence a um mundo criado não pelo homem, e do qual o próprio homem faz parte como sujeito em meio a outros sujeitos. Por outro lado, um ponto de vista mais pragmático e utilitarista afirma que, no universo finito em que o homem está destinado a viver, até mesmo os recursos de que pode dispor para sobreviver são finitos, e por isso devem ser sempre utilizados levando em conta seu possível esgotamento. Portanto, não se pode excluir que, precisamente em decorrência destes diversos fundamentos filosóficos, que pressupõem opostos sistemas de valores, crenças opostas, concepções do mundo verdadeiramente antitéticas, a difusão dos movimentos dos Verdes esteja destinada não a tornar anacrônica a velha díade, mas a reafirmá-la no meio destes mesmos movimentos, já muito atormentados em seu interior não obstante sua formação recente, e nos quais o diverso modo de conceber a relação do homem com a natureza – trate-se do débito que o homem tem para com todos os outros entes não humanos ou simplesmente do débito que tem para com os outros homens, em particular para com as gerações futuras, em outras palavras, de limites impostos de fora para dentro ou que o homem impõe a si próprio – está destinado a introduzir, como em parte já introduziu, a distinção entre Verdes de direita e Verdes de esquerda.

7 A sensivelmente ampliada capacidade humana não só de explorar a natureza e de se servir dela para a satisfação das próprias necessidades, mas também de manipulá-la e desviá-la de seu curso natural, trouxe à tona problemas de dimensão moral e jurídica (como aqueles de que se ocupa a bioética) que exigem, e exigirão ainda mais no futuro, a tomada de decisões eminentemente políticas (no sentido acima definido). Tais decisões, sendo totalmente novas com respeito a qualquer outra decisão do passado, parecem não poder mais ser acomodadas, sejam elas quais forem, nas categorias tradicionais de direita e esquerda, que se formaram numa época em que o aparecimento daqueles problemas não era sequer previsível. Tratando--se de problemas eminentemente morais, as duas partes contrapostas se dividiram até agora, seguindo o costumeiro modo em que se divide o universo moral, em laxistas e rigoristas. Mas tal distinção entre laxistas e rigoristas não se presta para ser confrontada com a distinção entre direita e esquerda. O laxismo é de direita ou de esquerda? O rigorismo é de esquerda ou de direita?

Na verdade, existe uma esquerda rigorista e uma direita laxista, e vice-versa. As duas dicotomias, porém, não se superpõem. Com respeito a este cruzamento, o problema mais embaraçoso é o do aborto. Geralmente, a refutação do aborto faz parte de programas políticos da direita. A esquerda é preponderantemente abortista. Fizeram-me observar que esta posição parece contrastar uma das definições mais comuns de esquerda, segundo a qual ser de esquerda significa estar do lado dos mais fracos. Na relação entre a mãe e o nascituro, quem é o mais fraco? Não seria o segundo? Responde-se que este é certamente mais fraco em comparação com a mãe, mas que a mulher é mais fraca em comparação com o macho que, ao menos na maior parte dos casos, a obrigou a engravidar. Não foi por acaso que a tendência abortista teve enorme incremento ao se difundir a partir das reivindicações dos movimentos feministas, que foram favorecidos pelos partidos de esquerda.

8 Mas todas as razões até aqui arroladas são "secundárias". A razão principal pela qual a clássica díade foi posta em discussão é outra, de relevância histórica e política bem maior. Os dois termos de uma díade governam-se um ao outro: onde não há direita não há mais esquerda, e vice-versa. Dito de outro modo, existe uma direita na medida em que existe uma esquerda, existe uma esquerda na medida em que existe uma direita. Em consequência, para tornar irrelevante a distinção, não é necessário demonstrar, como vimos até aqui, a inoportunidade dela (é inútil continuar a dividir o universo político com base no critério das ideologias contrapostas, se não existem mais ideologias); a sua imperfeição (é insuficiente dividir o campo político em dois polos, uma vez constatado que existe também um terceiro polo, não importa se intermediário ou superior); ou o seu anacronismo (entraram na cena política programas, problemas, movimentos que não existiam quando a díade nasceu e desempenhou um papel). Basta desautorizar um dos dois termos, não lhe reconhecendo mais nenhum direito à existência; se tudo é esquerda, não há mais direita e, reciprocamente, se tudo é direita, não há mais esquerda.

Em cada dupla de termos antitéticos, nem sempre os dois termos têm igual força. Além do mais, não está dito que um dos dois seja sempre mais forte e o outro sempre mais fraco. A força respectiva pode mudar conforme os pontos de vista e os critérios para dimensioná-la. Existem duplas em que o termo forte é prevalentemente apenas um: na dupla guerra-paz, por exemplo, o termo forte foi até agora prevalentemente "guerra", tanto que "paz" sempre foi tradicionalmente defmida como "não guerra", algo que vem depois da guerra (*De jure belli ac pacis,* de Grotius; *Guerra e paz,* de Tolstói). Já na dupla ordem-desordem, o termo forte é "ordem". Na dupla antitética direita-esquerda, limitada à linguagem política, a força respectiva dos dois termos não é dada constitutivamente – ao contrário do que ocorre na linguagem biológica, e por extensão na linguagem religiosa e ética, em que o termo forte é "direita" –, mas depende dos tempos e das circunstâncias. Na história italiana após a Unidade, ao predomínio da Direita segue-se o predomínio da Esquerda. Mas predomínio não significa exclusão do outro. Tanto no caso do predomínio da Direita sobre a Esquerda, quanto no caso contrário, as duas partes continuam a existir simultaneamente e a extrair cada uma delas a própria razão de ser da existência da outra, mesmo quando uma ascende na cena política e a outra desce. Quando o fascismo, considerado um movimento de direita, caiu fragorosamente – e, segundo grande parte da opinião pública mundial, de modo bem justo –, a esquerda por contraste subiu tanto que a direita pareceu ter desaparecido, ou pelo menos ter perdido a tal ponto a reputação que seria impossível sua própria sobrevivência.

Em uma situação deste gênero, pode-se explicar que grupos ou movimentos minoritários, que segundo a geografia política tradicional e consolidada deveriam ser chamados de direita, começaram a sustentar que a velha díade não teria mais razão de ser, e a luta política exigiria que se fosse então "além" da direita e da esquerda – um "além", veja-se bem, que é apresentado não como uma síntese que englobaria dois opostos e ao englobá-los acabaria por confirmá-los, mas como o seu completo desconhecimento e a sua radical falsificação. Como se vê, numa situação em que uma das duas partes se toma tão predominante que deixa à outra um espaço pequeno demais para ser considerado ainda politicamente relevante, a desautorização da díade se toma um expediente natural para ocultar a própria fragilidade. A direita foi derrotada? Mas que sentido tem então colocar o problema nestes termos – pergunta-se o derrotado –, se a distinção entre direita e esquerda está esgotada? Em um universo no qual as duas partes contrapostas são interdependentes, no sentido de que uma existe se também existe a outra, o único modo de desvalorizar o adversário é o de desvalorizar a si mesmo. Onde o que era parte se torna tudo, é porque a contraposição esgotou sua tarefa e é preciso recomeçar desde o início, e ir "além".

9 Podemos constatar hoje, a cada dia, após os acontecimentos dos últimos anos, que convulsionaram a ordem mundial dissolvendo os regimes comunistas longamente exaltados como o irrefreável avanço da esquerda na história – e de todo modo considerados, até por aqueles que os combatiam, como a mais radical realização prática das ideias e dos movimentos de esquerda –, que a relação entre a parte forte e a parte fraca da díade está se invertendo. Desce a esquerda, sobe a direita. Já se pode perceber que a ideia de que a velha díade deve ser posta em dúvida está sendo sustentada predominantemente por grupos ou movimentos que se autoproclamaram de esquerda, ou assim foram considerados, julgados, condenados e agredidos pelos adversários, ao menos até o momento em que o animador vento da história parecera soprar naquela direção. Não se passou muito tempo desde quando podíamos ouvir a pergunta: "Mas ainda existe a direita?". Após a queda dos regimes comunistas, ouve-se aflorar com a mesma malícia a pergunta inversa: "Mas ainda existe a esquerda?".

Creio que ninguém está em condições de enumerar e recordar todos os seminários e debates públicos que se realizaram nestes últimos anos para responder a estas questões: "A crise da esquerda"; "As dúvidas da esquerda e sobre a esquerda"; "A esquerda em dificuldade"; "A esquerda em agonia". Todas estas questões podem ser resumidas no título do seminário que se realizou na cidade de Turim, em dezembro de 1992: *"What is left?"*, que significa simultaneamente: "O que é a esquerda?" e

"O que dela restou?". Mas também neste caso foram dadas as respostas mais disparatadas e contraditórias, das negativas mais radicais – "A esquerda não existe mais", "A esquerda foi sepultada sob as ruínas do universo soviético" –, às confiantemente positivas – "Se a esquerda é o que tradicionalmente significava, então o colapso do sistema bolchevique é um triunfo para a esquerda, ao lhe abrir possibilidades que haviam sido sepultadas por aquele sistema de tirania desde 1917".[7]

A crise do sistema soviético teria tido como consequência, neste caso, não o fim da esquerda, mas de uma esquerda historicamente bem delimitada no tempo. Desta constatação derivaria uma outra consequência sobre a qual o debate está mais do que nunca aberto: não existe uma única esquerda, mas muitas esquerdas, assim como, de resto, muitas direitas.[8] Naturalmente, sustentar que existem muitas esquerdas significa reafirmar a tese tradicional segundo a qual deve existir um critério para distinguir a esquerda da direita. Deste modo, a díade sobreviveria à grande crise. Houve quem constatou que nos países do Leste europeu as primeiras eleições democráticas aconteceram sem que se reproduzisse, entre os vários partidos em luta, a distinção entre partidos de direita e partidos de esquerda. Mas mesmo quem adotou este argumento aparentemente forte em favor do desaparecimento da díade não pôde deixar de observar e reconhecer a anomalia desta situação de transição do totalitarismo à democracia,

---

7 Entrevista de Noam Chomsky a Stefano del Re, "Sfida capitale", in *Panorama*, p.133, 3 de janeiro de 1993. As contestações da díade provêm hoje, com freqüência cada vez maior, também da esquerda. Entre as muitas que podem ser citadas, bom exemplo é o livro de C. Lasch, *Il paradiso, ti progresso e la sua critica*, Milano: Feltrinelli, 1992. O primeiro capítulo intitula-se "A obsolescência dos conceitos de direita e esquerda", p.17. O autor, que declara ter sido um homem de esquerda, sustenta que a reanimação da direita jogou a esquerda na confusão e pôs em evidência a inutilidade das velhas etiquetas.

8 Cf. N. Urbinati, "La sinistra vive se diventa un arcipelago", in *L'Unità*, 3 de dezembro de 1992, escrito por ocasião do seminário "What is left?".

prevendo que, no futuro próximo, quando as instituições democráticas se estabilizarem, seja provável que os partidos se agreguem novamente em torno dos dois polos tradicionais.[9]

10 Para terminar, o derradeiro e, ao que tudo indica, mais decisivo motivo para negar a díade não se refere à contestação recíproca, ao fato de que as duas partes de um todo, o sistema político, estão destinadas a cair juntas (se não há mais direita, não há mais esquerda). Refere-se ao reconhecimento de que as duas etiquetas se tornaram meras ficções e, na realidade, diante da complexidade e novidade dos problemas que os movimentos políticos devem enfrentar, os "destros" [*destri*] e os "esquerdos" [*sinistri*] dizem, no fim das contas, as mesmas coisas, formulam, para uso e consumo de seus eleitores, mais ou menos os mesmos programas e propõem-se os mesmos fins imediatos. Direita e esquerda não existiriam mais, e não teriam mais razão de existir, não porque estivera presente até certo ponto apenas a esquerda e, depois, estaria presente apenas a direita, mas porque entre um lado e outro não haveria mais aquelas (pretensas) diferenças que mereceriam ser indicadas com nomes diversos. De fato, são apenas estes nomes diversos que acabam por gerar a falsa crença de que ainda existem contraposições que na realidade não existem mais, bem como para alimentar disputas artificiais e enganosas. Isso vale sobretudo na luta política em curso na Itália de nossos dias, na qual com frequência cada vez maior alguns observadores insatisfeitos, colocados fora das rixas e disputas, passam a afirmar que deveriam desaparecer as razões de tanto rancor, já que os opostos alinhamentos sustentam muitas vezes as mesmas ideias, ou melhor, a esquerda em dificuldades sustenta,

---

9 Extraio estas notícias da revista *ToD. The Working Paper Series. International Project: Transitions to Democracy in a World Perspective*, cujo número de dezembro de 1992 contém um artigo de Jan Vermeersch, "The Left in Eastern Europe", p.1-20.

para se renovar, ideias de direita e acaba por eliminar o contraste tradicional.[10]

Como se poderia provar com outros testemunhos, esta confusão, esta autoanulação da esquerda, não corresponde totalmente à realidade. Porém, para uma resposta conclusiva, remeto aos capítulos finais, em que busco dissolver as dúvidas até aqui ilustradas.

---

10 Refiro-me em particular a dois artigos de Ernesto Galli della Loggia, "Se la sinistra fa la destra", in *Corriere della Sera*, 15 de dezembro de 1993, e "La differenza necessaria", idem, 24 de dezembro de 1993. O tema da confusão entre direita e esquerda aparece em um recente filme do diretor francês Eric Rohmer, *A árvore, o prefeito e a mediateca* (1993). No filme, o prefeito defende as razões da mediateca (progresso), ao passo que as razões da árvore (natureza) são defendidas por um professor. Entre as duas posições, qual é a de esquerda e qual a de direita? A resposta parece ser dada pelo próprio diretor: "Este filme 'político' não é um filme com tese... Hoje em dia os programas da esquerda e da direita se assemelham, só que a direita se tornou tão violenta quanto era a esquerda nos anos 60. O essencial hoje não é impor este ou aquele regime; todos os regimes são imperfeitos, e a coisa mais urgente é salvar a vida no planeta e evitar de todos os modos os conflitos entre as pessoas." Tiro a citação de *Scheda Aiace*, n.14, temporada 1993-1994.

2
Extremistas e moderados

1 Sendo ou não válidos os argumentos examinados até aqui para negar a díade, a tese da negação parece ser corroborada por um fato facilmente verificável nestes últimos anos e que, como todos os fatos, tem a cabeça mais dura do que qualquer raciocínio, mesmo o mais sutil: trata-se da transmigração que alguns autores – em geral, os que são elevados à condição de modelos de vida e inseridos no círculo restrito dos "*maîtres à penser*"[1] pela própria vontade dos discípulos – fazem da direita para a esquerda ou vice-versa. Recordemos os casos mais clamorosos. Nietzsche, inspirador do nazismo (que esta inspiração derivasse de uma má interpretação ou, como creio, de uma das interpretações possíveis, é um problema que não nos diz respeito aqui), é hoje muitas vezes posto ao lado de Marx como um dos pais da nova esquerda. Carl Schmitt, que por um certo período de tempo foi não só promotor, mas teórico do Estado nazista, acabou por ser, ao menos na Itália, redescoberto e homenageado sobretudo por estudiosos de esquerda, apesar de ter sido adversário, durante o grande debate constitucionalista

---

1 Em francês no original: pensadores que, com seus textos e atividades, orientam o modo de pensar de um grupo ou de uma sociedade. (N. T.)

da época de Weimar,[2] de Hans Kelsen, maior teórico da democracia daqueles anos. Heidegger, cujas simpatias pelo nazismo foram várias vezes e abundantemente documentadas, ainda que sempre desmentidas ou atenuadas por seus admiradores (de direita e de esquerda), é hoje tomado como intérprete do nosso tempo, não só na Itália, mas também, e sobretudo, na França, por filósofos que se consideram de esquerda. Reciprocamente, como é bem conhecido, alguns teóricos da direita neofascista tentaram apropriar-se do pensamento de Antonio Gramsci, tanto que, em ambientes nos quais se buscou dar nova roupagem e nova dignidade ao pensamento de direita, chegou a existir por algum tempo uma corrente de ideias que foi chamada de "gramscismo de direita".

Apesar de particularmente evidente nestes anos de crise das ideologias tradicionais e de consequente confusionismo doutrinário, a interpretação ambiguamente contrastante de um autor não é algo novo: o mais ilustre precedente, que serve solenemente para esclarecer o aparente paradoxo, é Georges Sorel. O autor de *Reflexões sobre a violência* desempenhou politicamente a função e o papel de inspirador de movimentos da esquerda: dele nasceu a corrente do sindicalismo revolucionário italiano, que teve seus quinze minutos de fama em meio aos vários eventos do socialismo em nosso país; em seus últimos anos de vida, ele próprio se tornou simultaneamente admirador de Mussolini e de Lenin, e muitos de seus seguidores italianos confluíram para o fascismo; seus dois maiores admiradores na Itália foram dois honestos conservadores, Pareto e Croce, que, apesar de todas as diferentes

---

2 Referência à República Democrática Parlamentar organizada na cidade de Weimar, Alemanha, nos desdobramentos da crise derivada da Primeira Guerra Mundial. O debate constitucionalista mencionado por Bobbio transcorreu entre janeiro e agosto de 1919, representando o marco inaugural da experiência. A República de Weimar viveu em permanente tensão e conheceu dificuldades de todo tipo, apesar de ter sido uma época de grande efervescência política e cultural. Encerrou-se em 1933, com a chegada dos nazistas ao poder. (N. T.)

etiquetas que lhes foram atribuídas, jamais poderiam ser definidos como pensadores de esquerda. Já mencionei o movimento da revolução conservadora. Hitler mesmo se definiu, em um artigo no *Volkische Beobachter*, de 6 de junho de 1936, como "o mais conservador revolucionário do mundo". Menos conhecido é que, em um discurso no Parlamento italiano, Alfredo Rocco pediu que "lhe atribuíssem a antítese" de "revolucionário conservador" (mas, com aquela, Rocco demonstrava estar perfeitamente consciente do paradoxo).

Sobretudo estes dois derradeiros exemplos, mas também o de Sorel – dois conservadores revolucionários e um revolucionário conservador –, permitem-nos eliminar qualquer suspeita sobre o uso que se fez da simultaneidade de posições de direita e de esquerda (numa declaração ou numa interpretação póstuma) para desfechar um novo golpe na díade. Neste ponto, abre-se um problema completamente novo sobre o qual vale a pena fazer algumas observações, até mesmo pelo relevo que o que direi neste capítulo terá no capítulo 6. Bem consideradas as coisas, o que a revolução e a contrarrevolução têm em comum não depende do pertencimento a dois alinhamentos opostos tradicionalmente chamados de esquerda e direita. Se assim fosse, teriam razão os que defendem que a díade deveria ser abandonada por não servir mais para distinguir posições cultural e politicamente antitéticas. A verdade, em minha opinião, é outra: o que os autores revolucionários e contrarrevolucionários, e seus respectivos movimentos, têm em comum é o fato de pertencerem, no âmbito de seus específicos campos, à ala extremista contraposta à ala moderada. A díade extremismo-moderantismo não coincide com a díade direita-esquerda e obedece, como veremos, a um critério de contraposição no universo político diverso daquele que é indicado pela distinção entre direita e esquerda.

Numa primeira aproximação, vê-se que a díade extremismo-moderantismo tem bem pouco a ver com a natureza das ideias professadas, mas diz respeito a sua radicalização e consequentemente às diversas estratégias empregadas para fazê-las valer na prática. Explica-se, assim, por que revolucionários (de esquerda) e contrarrevolucionários (de direita) podem ter certos autores em comum: não os têm como de direita ou de esquerda, mas como extremistas respectivamente de direita e de esquerda que, exatamente por assim serem, se distinguem dos moderados de direita e de esquerda. Se é verdade que o critério que subjaz à distinção entre direita e esquerda é diverso do que subjaz à distinção entre extremistas e moderados, então se deve concluir que ideologias opostas podem encontrar pontos de convergência e de acordo em suas alas extremas, ainda que permaneçam distintas com respeito aos programas e aos fins últimos dos quais depende sua colocação em uma ou em outra parte da díade. Ludovico Geymonat, que sempre se proclamou um extremista (de esquerda), inclusive quando da assim chamada refundação do Partido Comunista Italiano, reuniu certa vez alguns de seu artigos políticos e os intitulou de *Contra o moderantismo*:[3] em seu juízo, o bloco moderado seria aquele que se constituiu (e dura até hoje) após a Libertação, e compreende o assim chamado arco constitucional italiano, que vai dos comunistas aos democratas-cristãos – uns e outros renunciaram à transformação revolucionária da sociedade herdada do fascismo e se satisfizeram com a democracia. Numa revista de extrema-direita, *Elementos*, o neofascista Solinas escreveu: "Nosso drama atual se chama moderantismo.

---

3 Cf. L. Geymonat, *Contro il moderatismo. Interventi dal '45 al '78*, organizado por M. Quaranta, Milano: Feltrinelli, 1978. Tendo em mente este livro de Geymonat, respondi em uma entrevista concedida a Loris Campetti, publicada em *Il Manifesto* de 28 de maio de 1991, que eu me considerava um moderado, porque apenas as alas moderadas dos dois alinhamentos opostos são compatíveis com a democracia. Não por acaso, o mesmo jornal publicou em 21 de novembro de 1993, dia de eleições, um editorial intitulado "Agora ou nunca", que conclui do seguinte modo: "O extremismo é mais sábio e menos perigoso do que o centrismo bem-pensante. Não consideramos com muita seriedade o teste de hoje. O extremismo é a sabedoria do momento presente."

Nosso principal inimigo são os moderados. O moderado é naturalmente democrático".

Destas duas citações fica bem claro que um extremista de esquerda e um de direita têm em comum a antidemocracia (um ódio, senão um amor). Porém, a antidemocracia os aproxima não pela parte que representam no alinhamento político, mas apenas na medida em que representam as alas extremas naquele alinhamento. Os extremos se tocam.[4]

2 A antidemocracia, porém, é apenas um dos pontos de acordo entre os "opostos extremismos". Filosoficamente, isto é, de um ponto de vista bem mais geral, do ponto de vista da visão geral do mundo e da história, em toda forma de extremismo político existe uma forte veia anti--iluminista. Refiro-me não apenas ao anti-iluminismo de origem historicista, do qual existe uma corrente politicamente conservadora, que vai de Hegel a Croce, e uma politicamente revolucionária, como a marxiana (o marxismo italiano sempre foi historicista), mas também, e sobretudo, ao anti-iluminismo irracionalista, que pode ser também ele distinguido em uma corrente de inspiração religiosa, de De Maistre e Donoso Cortés – autores que são hoje, muitas vezes, benevolamente reavaliados – e em outra de origem vitalista, de Nietzsche a Sorel. Esta última corrente pode-se combinar melhor com a esquerda, enquanto a outra, a fideísta, é irredutivelmente e conscientemente tradicionalista e reacionária, nascendo precisamente de uma "reação" ante a ruptura de uma ordem histórica con-

---

4 A revista de direita *L'Italia Settimanale*, de 21 de dezembro de 1994, publica um artigo de Filippo Rossi, "Il '68 in rosso e nero", p.51-3, em que se relata o episódio pouco conhecido de uma tentativa feita por um grupo de estudantes de direita de organizar, "em nome do anticapitalismo e do antiamericanismo", uma convergência com a extrema esquerda. Em Il Borghese, Giano Accame chegou a escrever que estimava os chineses por terem rompido "o cordão umbilical com os partidos", episódio noticiado pelo *Corriere della Sera* de 16 de dezembro de 1994, em um artigo de Daria Gorodisky com um título sugestivo, "Sessantotto, Evola e Marcuse uniti nella lotta?"

siderada sagrada, criada e conservada por uma providência imperscrutável, de uma revalorização do "*noli altum sapere sed time*" contra o "*sapere aude*" de Kant.[5]

De um ponto de vista mais particular de filosofia da história, ou seja, das formas e dos modos em que é interpretado o movimento histórico (progresso ou regresso? movimento cíclico ou constante?), enquanto o moderantismo é gradualista e evolucionista, e considera como guia para a ação a ideia de desenvolvimento ou, metaforicamente, de um crescimento do organismo a partir de seu embrião segundo uma ordem preestabelecida, o extremismo, seja qual for o fim por ele prefigurado, é catastrófico: interpreta a história como procedendo por saltos qualitativos, por rupturas, às quais a inteligência e a força da ação humana não são estranhas (neste sentido, é menos determinista do que o moderantismo). A "catástrofe" Revolução de Outubro (evento produzido por uma vontade coletiva consciente) não pode ser remediada senão com a "catástrofe" contrar-revolucionária (não por acaso os pródomos do fascismo na Itália são as "*squadre d'azione*"[6]): comunismo e fascismo se

---

5 Retomo aqui algumas das teses expostas num artigo de alguns anos atrás, "L'ideologia del fascismo", in *Il fascismo. Antologia di scritti critici*, organizado por C. Casucci, Bologna: Il Mulino, 1982, p.598-624. [Em latim, no original: "*nolialtum sapere sed time*", ou seja, "não te envaideças de teus elevados saberes; teme-os", contraposto ao "*sapere aude*" ("ouse saber") de Kant. (N. T.)]

6 As *squadre d'azione* foram a primeira tropa de choque do fascismo italiano. A partir delas, formaram-se as milícias fascistas. Atuaram, desde 1920, no Vale do Pó e na Emilia, financiadas por proprietários rurais e integradas por ex-combatentes da Primeira Guerra Mundial, desempregados e estudantes, que atacavam, sob o comando de chefes locais (os *ras*), sedes sindicais, partidárias, associativas, culturais e jornalísticas. Introduziram uma qualidade anárquica e regional no fascismo, especializando-se na condução de ações brutais e violentas, sob o pretexto de combater o "perigo vermelho" e a "catástrofe bolchevique". Após a conquista do poder por Mussolini, muitos *squadristi* abandonaram o Partido Fascista por discordarem das novas diretrizes ou por acharem que o "perigo bolchevique" tinha passado; tais dissidentes tornaram-se incômodos para o fascismo, que algumas

Direita e esquerda

convertem um no outro. A tese dos opostos extremismos, que, do ponto de vista dos moderados, não são opostos mas, sob muitos aspectos, análogos, acabou por obter uma confirmação, se bem que numa história menor, nos assim chamados "anos de chumbo", durante os quais a sociedade italiana foi continuamente alarmada por atos terroristas provenientes de ambas as partes extremas do universo político. Esta mesma tese, em um plano bem mais alto, de história maior, de história universal, está na base do debate historiográfico a respeito da assim chamada "guerra civil europeia" – cujo protagonista principal é o historiador Ernst Nolte –, de acordo com o qual bolchevismo e fascismo (ou nazismo) estão ligados por um fio duplo, o segundo sendo a inversão do primeiro, a reação que acompanha a ação, a contrarrevolução que mesmo assim é sempre revolução, a catástrofe após a catástrofe.

3 Naturalmente, não tem nenhum sentido perguntar qual das duas concepções da história é a mais verdadeira: uma e outra são o produto de uma história "profética" que procede não por dados ou conjecturas, mas por sinais premonitórios e extrapolações de longo prazo: uma história cujo critério de avaliação não é a maior ou menor verdade, mas a maior ou menor força propulsora da ação e, como tal, nada tem a ver com a historiografia dos historiadores, que não pretende ensinar, ou melhor, é tanto menos instrutiva quanto mais pretende ser, com base em dados e hipóteses, explicativa. Pode-se, além disso, observar que as diversas visões da história são elas próprias historicamente condicionadas. O movimento histórico predominantemente pacífico do século passado, durante o qual a Europa concluiu a primeira Revolução Industrial – que não foi uma revolução no sentido rigoroso da expressão e portanto jamais assumiu o aspecto de uma catástrofe, tendo sido acompanhada, numa relação de ação

---

vezes chegou a usar a autoridade do Estado contra eles. O lema dos *squadristi* foi tomado de D'Annunzio: "*Me ne frego*" ("Pouco se me dá"). (N. T.)

recíproca, por um desenvolvimento sem precedentes das ciências úteis (tecnologicamente utilizáveis) –, favoreceu a ideia do progresso gradual e sem saltos, por etapas obrigatórias, irreversível, anunciado tanto por Kant quanto por Hegel, tanto por Comte quanto por Marx, independentemente da forma assumida pela história profética naquele século que produziu muitos exemplos conhecidos deste gênero de histórias.

Ao contrário, o movimento sob tantos aspectos oposto do século XX – compreendendo as primeiras duas guerras mundiais e totais na história da humanidade, uma terceira guerra sem exércitos combatentes (ainda que ameaçadoramente dispostos em campo), a revolução comunista na Rússia e na China, o nascimento violento e a morte igualmente violenta dos regimes fascistas, o rápido processo de descolonização que se seguiu à Segunda Guerra Mundial, não menos rápido e imprevisível de uma perspectiva histórica anticatastrófica, a dissolução do universo comunista, o "*sapere aude*" conduzido até o ponto de fazer aparecer o "vulto demoníaco" não mais apenas do poder, mas também do saber – exigiu e continua a exigir uma visão antitética do desenrolar histórico, uma visão, precisamente, catastrófica, na qual coube até mesmo o medo de um fim da história e, senão do fim, ao menos da irreparável corrupção (irreparável para o destino humano) da natureza benéfica. Esta visão da história, compartilhada inclusive por observadores menos apocalípticos e que pretendem ser imparciais, favoreceu a comprovação do fim da Idade Moderna, que se deseja caracterizada pela ideia do progresso, e o nascimento de uma nova época histórica que, à espera de receber um nome mais apropriado ou menos insignificante, tem sido chamada por enquanto de "pós-moderna".

4 Também com respeito à moral e à doutrina da virtude, os extremistas das margens opostas se encontram e, ao se encontrarem, conseguem achar bons motivos para se contrapor aos moderados: as virtudes guerreiras, heroicas, da coragem e da ousadia, contra as virtudes consideradas pejorativamente mercantis da prudência, da tolerância, da razão calculadora, da paciente busca da mediação, necessárias nas relações de mercado e naquele mais

amplo mercado de opiniões, de ideias, de interesses em conflito, que constitui a essência da democracia, na qual é indispensável a prática do compromisso. Não é por acaso que tanto os extremistas de esquerda quanto os de direita mantêm sob suspeita a democracia, inclusive do ponto de vista das virtudes que ela alimenta e das quais necessita para sobreviver. No linguajar de uns e outros, democracia é sinônimo de mediocracia, entendida como domínio não só da camada média, mas também dos medíocres. O tema da mediocridade democrática é tipicamente fascista. Mas é um tema que encontra seu ambiente natural no radicalismo revolucionário de qualquer coloração. Exemplar esta passagem de Piero Gobetti: "Fora do governo, uma mediocracia mais ou menos competente, que exerce *a priori* uma função de assistência e ajuda ao povo, tenta corromper toda e qualquer ação direta com reformas e conciliações, buscando iludir os rebeldes com propostas pacíficas que se mantenham presas a uma iluminista função educativa".[7] O juízo de mediocridade está associado ao de reformismo, de resolução pacífica dos contrastes e, ainda mais em geral, de visão pragmática da política e dos conflitos que nela se desenrolam. Tive a oportunidade de ler num artigo exemplar de um escritor de esquerda (que me deu um susto): "as idiotices do contratualismo".

A contraposição do guerreiro ao comerciante comporta inevitavelmente a justificação, se não a exaltação, da violência: a violência resolutiva, purificadora, "parteira da história", para a esquerda revolucionária (Marx); "única higiene do mundo", para a direita reacionária (Marinetti); e assim por diante monotonamente enumerando.

---

7 P. Gobetti, *La rivoluzione liberale. Saggio sulla lotta politica in Italia*, Turim: Einaudi, 1983, p.84. [É interessante recordar que Gobetti (1901-1926) foi um liberal progressista que mantinha sólidas relações com a esquerda italiana dos anos 20. Antonio Gramsci (1890-1937), organizador do Partido Comunista Italiano, confiou a ele a crítica teatral do diário *L'Ordine Nuovo* e sempre o considerou um aliado de grande importância. Gobetti fundou e dirigiu a revista *La Rivoluzione Liberale*, que circulou de 1922 a 1925. Em fevereiro de 1926, foi assassinado por fascistas italianos em Paris. (N. T.)]

Norberto Bobbio

5 Todavia, ainda que a antidemocracia, a aversão pela democracia como conjunto de valores e como método, não seja o único ponto em comum entre extremistas de direita e de esquerda, ele é por certo, em minha opinião, o ponto historicamente mais persistente e significativo. O fascismo, antes de se tornar regime na Itália como resposta a uma anunciada revolução bolchevique, nasce como ideologia conservadora radical na França em fins do século XIX, em parte também como reação à revolução, não só anunciada como também tentada, embora como prova geral de uma revolução que não se fará, dos *Communards* da Comuna de Paris. No conhecido estudo dedicado à história do fascismo francês, não por acaso intitulado *Ni droite ni gauche* [*Nem direita nem esquerda*],[8] o nascimento desta ideologia,

---

8 Cf. Z. Sternhell, *Ni droite ni gauche. L'ideologie fasciste en France*, Paris: Editions du Seuil, 1983 (trad. it. *Né destra né sinistra. La nascita dell'ideologia fascista*, Napoli: Akropolis, 1984). Este conhecido e importante livro é, como indica o subtítulo, uma história da ideologia fascista na França que, nascida antes do fascismo italiano – que foi em parte por ela influenciado –, caracterizou-se pela confluência do socialismo com o nacionalismo, ou seja, pela união de uma ideologia típica da esquerda com uma ideologia típica da direita. O livro poderia ser igualmente intitulado "*E direita e esquerda*", com uma expressão que significa não a exclusão das duas ideologias opostas, mas a sua síntese. Na extrema-direita italiana, o tema foi algumas vezes retomado com uma formulação que elimina a dúvida sobre a dúplice possível escolha entre negação e síntese: "para além da direita e da esquerda". Todas as três fórmulas representam a proposta de uma terceira via que pode ser interpretada tanto como excludente quanto como includente. Entretanto, o que esta "terceira posição" tem de característico nas suas várias interpretações é, segundo Sternhell, "a ruptura da ordem liberal" (p.29), sempre acompanhada de uma crítica à democracia. A afirmação de um dos protagonistas do movimento – "*Nous rejoignons (et dépassons quelquefois) la gauche par nos programmes et la droite par nos méthodes*" (p.240-1) [Em francês no original: "Nós incorporamos (e algumas vezes ultrapassamos) a esquerda em nossos programas e a direita em nossos métodos." (N. T.)] – é exemplar da ideologia da "ultrapassagem": esta "terceira via", que refutando a díade tradicional ou, o que é o mesmo, passando por cima dela, mantém sempre uma certa ambiguidade, explica por que alguns dos personagens considerados no livro passaram, ao

chamada com razão de pré-fascista, é caracterizado principalmente por uma furibunda reação contra a democracia burguesa, igual e simétrica à do socialismo maximalista, cujo bode expiatório foi a social-democracia, ou seja, a esquerda em sua versão moderada, que teria aceitado as regras do jogo da democracia burguesa e sido por ela corrompida. Não obstante todas as características comuns, que justificam, como já se disse, o uso instrumental dos próprios autores – com o que, segundo Barrès, pode-se sustentar que "o pai intelectual do fascismo é Sorel" –, fascismo e comunismo representam na história deste século a grande antítese entre direita e esquerda. Mas como? Não só não a enfraqueceram, mas a exasperaram. Repito, mas como? Em minha opinião, a única explicação é que o critério com que se distingue uma direita de uma esquerda não coincide com o critério com base no qual se distingue, no âmbito dos alinhamentos de direita e esquerda, a ala extremista da ala moderada.

Tanto isto é verdade que, na prática política, fascismo e comunismo excluem-se não obstante o inimigo comum, que é a democracia formal, ou apenas formal, com suas regras que permitem a alternância entre direita e esquerda. E excluem-se exatamente porque reproduzem, em seus traços peculiares, as características salientes (sobre as quais retornaremos) daquilo que até agora foi típico da direita e da esquerda.

6 Entre as várias terceiras vias de que se tem notícia, já se propôs uma entre socialismo e liberalismo, mas jamais chegou a ser concebida, por ser inconcebível, uma terceira via entre comunismo e fascismo. O que têm em comum – vale dizer, o fato de conduzirem às extremas consequências os traços salientes das ideologias respectivamente de esquerda e de direita – é precisamente o que os faz doutrinariamente inconciliáveis e praticamente incompatíveis. Uma aliança forçada, e portanto destinada a não durar,

---

longo da vida, da esquerda para a direita (como de resto também ocorreu na Itália), e algumas vezes, como no caso dos sorelianos, da extrema-esquerda para a extrema-direita.

entre fascistas e conservadores na própria frente de luta da direita, ou seja, entre direita extrema e direita moderada, foi possível; aliás, o fascismo histórico é o resultado desta aliança. Do lado oposto, uma análoga aliança entre comunismo e socialismo democrático foi esboçada nas democracias populares e, mais do que esboçada, foi proposta no pacto de unidade de ação entre comunistas e socialistas italianos após a Libertação. Uma aliança entre comunistas e fascistas tem algo de monstruoso. Na contraposição entre extremismo e moderantismo é questionado sobretudo o método, na antítese entre direita e esquerda são questionados sobretudo os fins. O contraste com respeito aos valores é mais forte do que o contraste com respeito ao método. Isto explica por que, em determinadas circunstâncias de grave crise histórica, uma aliança entre extremistas e moderados de direita pode ter algum sucesso, como ocorreu nos regimes fascistas, quando as direitas moderadas, em estado de necessidade, aceitaram a supremacia da direita extrema. Do mesmo modo, apenas o estado de necessidade pode explicar que, após o fim da Segunda Guerra Mundial, o espantalho de uma restauração pura e simples do passado tenha induzido os socialistas a aliar-se com os comunistas, isto é, com o extremismo de esquerda, ainda que ao preço de uma dolorosa e destrutiva cisão.

Para dizer a verdade, houve um exemplo clamoroso de aliança prática entre fascismo e comunismo: o pacto de não agressão e de divisão reciprocamente vantajosa entre a Alemanha de Hitler e a União Soviética de Stalin. Mas tratou-se de uma aliança essencialmente tática, que teve breve duração, e foi ideologicamente sem consequências, exceto pela formação de alguns pequenos grupos, politicamente insignificantes, de bolcheviques nazistas.[9]

---

9 Na confusão, mais mental que política, da Rússia de hoje, pode-se encontrar um personagem como Alexander Dughin, que prega a revolução conservadora, orgulha-se de ter traduzido Evola e Guénon para o russo e apresenta-se como teórico do nacional-bolchevismo (de uma reportagem sobre sua recente viagem à Itália: N. Aspesi, "Va dove ti porta il vento", in *La Repubblica*, 26 de junho de 1994).

3
A díade sobrevive

1 Não obstante a díade ser seguida e diversificadamente contestada – e de modo mais frequente, mas sempre com os mesmos argumentos, nestes tempos recentes de confusão geral –, as expressões "direita" e "esquerda" continuam a ter pleno curso na linguagem política. Todos os que as empregam não dão nenhuma impressão de usar palavras irrefletidas, pois se entendem muito bem entre si.

Nos últimos anos, entre analistas políticos e entre os próprios atores da política, boa parte do discurso político tem girado em torno da pergunta: "Para onde vai a esquerda?". São cada vez mais frequentes, a ponto mesmo de se tornarem repetitivos e enfadonhos, os debates sobre o tema "o futuro da esquerda" ou "o renascimento da direita". Ajustam-se seguidamente as contas com a velha esquerda para buscar-se a fundação de uma esquerda nova (mas se trata sempre de esquerda). Ao lado da velha direita, derrotada, surgiu com desejo de revanche uma "nova direita". Os sistemas democráticos com partidos numerosos continuam a ser descritos como se estivessem colocados num arco que vai da direita à esquerda, ou vice-versa. Não perderam nada de sua força significante expressões como "direita parlamentar", "esquerda parlamentar", "governo de direita", "governo de esquerda". No interior dos próprios partidos, as várias correntes que disputam entre si o direito de dirigir segundo os tempos e as ocasiões históricas, costumam se chamar com os velhos nomes de "direita" e "esquerda". Quando nos referimos aos políticos, não temos nenhuma hesitação em definir, por exemplo, Occhetto como de esquerda e Berlusconi como de direita.[1]

Sempre houve e ainda há uma esquerda democrata-cristã. No Movimento Social Italiano ganhou projeção, há alguns anos, uma corrente (Pino Rauti) que declarava seu desejo de caminhar em direção à esquerda. Mesmo num partido minúsculo e exangue como o Partido Liberal, os dirigentes sempre se dividiram em direita e esquerda.

Se na crise de dissolução do Partido Comunista Italiano os termos "direita" e "esquerda" foram pouco usados ou usados com muita cautela, é porque, no interior de um partido que se atribuiu historicamente a direção da esquerda no mundo, apenas a palavra "esquerda" tem um significado positivo, e nenhuma das partes que disputavam entre si a direção do futuro partido aceitaria de boa vontade ser chamada de direita. Além do mais, seria constrangedor estabelecer qual das duas alas em campo, a dos "não" e a dos "sim", deveria ser considerada a direita ou a esquerda:[2] a velha guarda que rejeitava a mudança radical poderia ser considerada "direita", com base no critério segundo o qual a conservação é de direita e a mudança, de esquerda, mas ao mesmo tempo poderia ser de "esquerda" no que diz respeito a um empenho mais determinado na luta anticapitalista que caracterizou o movimento operário, por um século o grande protagonista da esquerda histórica;

---

1 Referência a Achile Occhetto, antigo secretário-geral do Partido Comunista Italiano e, depois, do Partido Democrático da Esquerda, e a Silvio Berlusconi, primeiro-ministro do governo formado pela coalizão de direita, liderada por Força Itália. (N. T.)

2 Na crise que culminou com a transformação do Partido Comunista Italiano (PCI) em Partido Democrático da Esquerda (PDS), debateram-se basicamente correntes favoráveis e contrárias à mudança do nome do partido, questão que tinha bem mais do que um mero valor simbólico ou terminológico, dizendo respeito tanto à identidade da agremiação quanto à sua efetiva orientação política. (N. T.)

Direita e esquerda

e vice-versa, a parte mais inovadora poderia pretender o nome de esquerda por ser mais favorável à renovação, mas apresentava um programa que, com base nos critérios tradicionais, deveria ser considerado mais de direita.

Não podemos deixar de assinalar este paradoxo. De um lado, multiplicam-se os escritos em que, por uma ou outra das razões examinadas no capítulo precedente, põe-se em discussão, refuta-se, às vezes ridiculariza-se, a díade. De outro, nunca como nestes últimos tempos o mundo político e cultural italiano, em sua quase totalidade – graças ao *referendum* que condenou um sistema eleitoral que até então impedira a alternância entre governo e oposição, característica essencial dos bons governos representativos –, orientou-se em direção ao sistema uninominal que deveria permitir, ou nos faz crer que permita, uma drástica redução dos partidos, o abandono definitivo dos governos de centro, a instauração em nosso país da desejada alternância. Mas alternância entre o quê? Ora, certamente entre uma esquerda e uma direita, entre uma aliança em torno do PDS (que quer dizer, parece inútil explicar, Partido Democrático da Esquerda) e uma outra aliança em torno da Liga do Norte, da Aliança Nacional (ex-MSI) e do movimento Força Itália de Berlusconi. Como chamar a primeira senão de esquerda e a segunda senão de direita? Que nem todos os que entram na primeira aliança queiram ser chamados de esquerda e nem todos os que entram na segunda queiram ser chamados de direita (cada um escolhe a etiqueta que lhe parece fornecer maiores consensos), não elimina o fato de que o sistema político italiano encaminha-se para ser um sistema mais nitidamente dividido entre uma esquerda e uma direita. Bem mais do que tem sido até hoje.[3]

---

3 Assim escrevi antes das eleições de 26-27 de março de 1994. A campanha eleitoral se desenrolou principalmente entre duas coalizões, a Aliança Progressista e o Polo da Liberdade, mas na linguagem dos jornais e das pessoas comuns a primeira representava a esquerda e o segundo a direita, com uma simplificação sem precedentes em nosso país.

2 Não deve surpreender que, num universo como o da política, constituído de modo eminente por relações de antagonismo entre partes contrapostas (partidos, grupos de interesse, facções e, nas relações internacionais, povos, pessoas, nações), o modo mais natural, simples e mesmo comum de representar aquelas relações seja uma díade ou uma dicotomia. Nossa mente corre imediatamente para célebres exemplos históricos, como patrícios-plebeus, guelfos-guibelinos, Whigs-Tories.

A própria categoria da política é representada, numa bem conhecida teoria, pela díade "amigo-inimigo", que resume em nível de alta abstração a ideia da política como espaço do antagonismo, cuja forma extrema é a guerra, que é *naturaliter* dicotômica (*mors tua vita mea*). Na guerra, interna ou externa, não há lugar para o Terceiro. Este apenas aparece como mediador, para fazê-la cessar, ou, como árbitro, para estabelecer a paz. A guerra, como duelo, só conhece dois parceiros (não importa se cada um deles tem aliados), dos quais um está destinado a vencer e o outro a perder. Uma guerra em que, no final, não há vencidos e vencedores, é uma guerra que não alcança seu objetivo. Os Terceiros, que não participam do jogo, são os chamados neutros, no sentido preciso de que não estão nem de uma parte nem de outra, e como tal não são beligerantes. No momento em que se deixam envolver no conflito, tornam-se aliados ou de uma parte ou de outra. As partes em jogo, por mais numerosos que sejam seus aliados, são sempre apenas duas.

Aceitando-se como válida a grande e única dicotomia amigo-inimigo, tem-se que a inevitável redução a duas únicas partes em conflito – ou seja, o processo de bipolarização que se segue necessariamente à atração dos diversos contendores potenciais para dois únicos polos – ocorre com base no princípio, e na prática consequente, segundo o qual o amigo de meu inimigo é meu inimigo, ou, inversamente, o inimigo de meu inimigo é meu amigo. Onde não existem mais do que duas posições possíveis, ou amigo ou inimigo – e é esta, como se disse, a contraposição que melhor exprime a visão dualista da política –, dão-se quatro

Direita e esquerda

possíveis combinações: amigo pode ser tanto o amigo do amigo quanto o inimigo do inimigo; inimigo pode ser tanto o inimigo do amigo quanto o amigo do inimigo. Certas uniões ou alianças, que nas relações internacionais e nas relações entre partidos no interior de um Estado singular parecem inaturais, são na realidade a consequência natural da lógica dicotômica. Nas relações humanas, o exemplo extremo de antítese é constituído pela guerra; mas a lógica dicotômica, por outro lado, não é estranha à própria visão tradicional, religiosa ou metafísica, inclusive do mundo natural (luz-trevas, ordem-caos e, no limite, Deus-demônio).

3 Depende unicamente de um fato acidental que, na visão diádica da política, as duas partes da díade tenham recebido o nome de "direita" e "esquerda". Como é bem conhecido, o uso dessas duas palavras remonta à Revolução Francesa, ao menos no que diz respeito à política interna. Trata-se de uma banal metáfora espacial, cuja origem foi inteiramente casual e cuja função tem sido apenas a de dar um nome, de dois séculos aos dias de hoje, à persistente, e persistente porque essencial, composição dicotômica do universo político. O nome pode mudar. Mas a estrutura essencial e originariamente dicotômica do universo político permanece.

Se, mais tarde, a díade direita-esquerda terminou por se tornar preeminente, a ponto de continuar a ter curso até hoje, ainda que contestada, isto não exclui a presença de outras metáforas espaciais, que têm, porém, menor extensão e valem apenas em certos contextos particulares. Com referência à posição, por exemplo, é de uso comum a díade "alto-baixo": Câmara alta e Câmara baixa no sistema parlamentar inglês; alto clero e baixo clero na hierarquia eclesiástica; segundo uma conhecida distinção de grande utilidade na teoria das formas de governo, o poder pode proceder de baixo para cima ou de cima para baixo. Em uma visão hierárquica da política (que existe ao lado da visão antagônica), ocorre também a díade "adiante--atrás": o *princeps* é, no significado originário da palavra, o primeiro da fila, ao qual os outros seguirão, e não por acaso se chamam sequazes, ou homens do séquito. Na concepção leninista (recorde-se o moderno Príncipe de Gramsci), que é uma visão literalmente principesca da política, o partido é a vanguarda do proletariado, e a vanguarda implica necessariamente uma retaguarda. Com respeito à visibilidade de quem detém o poder e à maneira como são tomadas as decisões coletivas, a díade existente é "superficial-profundo": sob este aspecto, a contraposição historicamente mais relevante é a que se estabelece entre o governo visível dos Estados democráticos e o invisível, que se exerce no gabinete secreto do soberano absoluto em que são admitidos apenas alguns poucos íntimos confiáveis, já que os negócios de Estado devem ser tratados numa profundidade inacessível à massa dos súditos. Com respeito à diferença de programas ou de posições em determinadas batalhas políticas, entre partidos ou movimentos, surge em cena a mais comum metáfora espacial "próximo--distante", com a qual se pode dizer que o centro-direita está próximo da direita assim como o centro-esquerda está próximo da esquerda, e a esquerda está mais distante da direita do que o centro, e assim por diante. Em um sistema partidário muito fragmentado, como foi até hoje o italiano, alguns partidos são mais próximos entre si, outros mais distantes: o conceito de maior ou menor vizinhança entre partidos torna-se relevante quando, após uma eleição, analisam-se as diversas transferências de eleitores de um partido para outro, e leva-se em consideração a eventualidade da transferência entre partidos próximos como mais provável do que a transferência entre partidos distantes.

Entre estas metáforas, algumas refletem um universo vertical, tal como alto-baixo, superficial-profundo; outras, um universo horizontal, como adiante-atrás e próximo-distante.

4 Além da metáfora espacial, outra metáfora ocupa um posto bem relevante na linguagem política: a metáfora temporal, que permite distinguir os inovadores dos conservadores, os progressistas dos tradicionalistas, os que se

deixam guiar pelo sol do futuro dos que procedem guiados pela inextinguível luz que vem do passado. Não está dito que a metáfora espacial, que deu origem à dupla direita--esquerda, não possa coincidir, em um de seus significados mais frequentes, com a metáfora temporal.

Deve-se, porém, acrescentar, para evitar perguntas inúteis, que o uso ainda prevalente da dupla que indica a antítese principal, da qual dependem todas as outras na linguagem política, não deve levar a pressupor que seu significado seja unívoco e, sobretudo, que tenha permanecido imutável no tempo. Atenuam-se ou mesmo extinguem-se certos conflitos, mas surgem outros em seu lugar. Enquanto existirem conflitos, a visão dicotômica não poderá desaparecer, mesmo se, com o passar do tempo e a modificação das circunstâncias, a antítese até então principal vier a se tornar secundária e vice-versa. Não obstante as grandes modificações históricas destes últimos anos, das quais se pode extrair legitimamente a impressão de que um dos dois eixos perdeu sua força antagônica, a visão dual não desapareceu: pense-se na grande antítese entre o Norte e o Sul do mundo, que domina, e dominará ainda mais no futuro, a cena política, ainda que seja bastante simplificadora, como aliás ocorre com todas as díades aplicadas a um universo complicado, como é o das relações de convivência entre os homens.

5 Limitei-me até aqui a constatar o uso contínuo da díade. Trata-se agora de considerar que, como todas as demais palavras da linguagem política – linguagem em geral não rigorosa, pois extraída em grande parte da linguagem comum –, "direita" e "esquerda" também possuem um significado descritivo e um significado valorativo. O significado descritivo, embora sendo variável, nunca chega a permitir que se atribuam à mesma palavra dois significados inteiramente contrários. Só no reino do Grande Irmão as palavras têm o significado oposto ao comum, mas o objetivo desta alteração é o de enganar os destinatários da mensagem e, portanto, o de impossibilitar a compreensão

do que ocorre realmente e a comunicação recíproca entre os súditos.[4] Ao contrário, na linguagem política corrente, no chamado "politiquês", as palavras podem ter um significado ambíguo, chegando mesmo a possibilitar interpretações diversas e algumas vezes a ampliar o número dos possíveis fruidores da mensagem, ainda que não a ponto de subverter seu significado corrente.

Por outro lado, com respeito ao significado valorativo, exatamente porque os dois termos descrevem uma antítese, a conotação positiva de um implica necessariamente a conotação negativa do outro. Saber qual dos dois é o axiologicamente positivo e qual o axiologicamente negativo não depende do significado descritivo, mas dos opostos juízos de valor que são dados às coisas descritas. Isso produz uma notável consequência no que se refere ao uso de "direita" e "esquerda" na linguagem política e em outras linguagens, nas quais, a começar da linguagem religiosa, "direita" tem sempre uma conotação positiva e "esquerda", sempre uma conotação negativa. Nem todas as díades são axiologicamente reversíveis. A dupla direita-esquerda o é certamente na linguagem comum, mas não na linguagem política.

Mais precisamente, na visão diádica de um determinado universo as duas partes em que este universo é dividido são descritivamente exaustivas, no sentido de que

---

4 Como se pode perceber, Bobbio refere-se à sociedade futurista imaginada pelo escritor inglês George Orwell em *1984*. 9. ed. Trad. de Wilson Velloso, São Paulo: Nacional, 1976. Nele, o Grande Irmão, líder máximo do Estado, comanda um totalitário, sofisticado e onipresente sistema de controle e vigilância permanente sobre os atos e os pensamentos dos indivíduos. Neste sistema, não faltaria sequer uma operação destinada a constituir uma nova linguagem, a "Novilíngua", cujo objetivo seria, nas palavras de um dos personagens, "estreitar a gama do pensamento", de modo a tornar "a crimideia literalmente impossível", posto que não existiriam mais palavras para expressá-la: "todos os conceitos necessários serão expressos exatamente por uma palavra, de sentido rigidamente definido, e cada significado subsidiário eliminado, esquecido". (N. T.)

qualquer ente do universo pertence necessariamente a uma ou a outra das duas partes, e *tertium non datur*, mas são também, ao mesmo tempo, axiologicamente opostas, no sentido de que, se se atribui valor positivo a uma delas, a outra tem necessariamente valor negativo. Com base no "ou-ou" descritivo, todo ente do universo pertence a uma ou a outra das partes da díade. Com base no "ou-ou" axiológico, uma das partes tem o sinal oposto ao da outra, mas, abstratamente falando, não há nenhuma razão para que uma represente sempre o bem e a outra sempre o mal. Resta o fato de que, quando uma delas, seja qual for, representa o bem, em um determinado contexto, a outra representa necessariamente o mal.

O observador neutro, por exemplo um historiador ou um sociólogo, considera que sua tarefa específica é ilustrar o significado descritivo e, em consequência, mostrará quais grupos se consideram, ou são considerados em uma dada situação, de direita ou de esquerda. Os militantes, por sua vez, tenderão a atribuir ao seu programa um valor positivo, ao programa dos adversários um valor negativo. Esta diferença entre o observador neutro e o militante torna nem sempre confiáveis, e portanto de dúbia utilidade, as sondagens de opinião repetidamente feitas a respeito do que os entrevistados pensam ser direita e esquerda. Precisamente porque a díade tem uma conotação axiológica muito forte, quem pertence a um dos alinhamentos tenderá a definir a própria parte com palavras axiologicamente positivas e a outra, ao contrário, com palavras axiologicamente negativas. Dando um exemplo não estranho e de imediata compreensão: para um partidário da direita a igualdade como elemento tradicional da ideologia de esquerda torna-se nivelamento; para um partidário da esquerda, a desigualdade, entendida como fato não ideologicamente conotado na definição de direita, torna-se ordenação hierárquica.

Todavia, mesmo que tenham o cuidado de usar os dois termos com todas as devidas cautelas, as sondagens confirmam a presença continuamente operante e discriminadora da díade.

4
Em busca de um critério de distinção

1 Não obstante as repetidas contestações, a distinção entre direita e esquerda continua a ser usada. Se assim é, o problema se desloca: agora, não se trata mais de comprovar sua legitimidade, mas de examinar os critérios propostos para sua legitimação. Em outras palavras: desde que "direita" e "esquerda" continuam a ser usadas para designar diferenças no pensar e no agir políticos, qual a razão, ou quais as razões, da distinção? Não se deve esquecer que a contestação da distinção nasceu precisamente da ideia de que os critérios até então adotados ou não seriam rigorosos ou ter-se-iam tornado enganosos com o passar do tempo e a mudança das situações. Felizmente, ao lado dos contestadores sempre existiram, e nestes últimos anos são mais numerosos do que nunca, também os defensores, que propuseram soluções para a questão do critério ou dos critérios. E como as respostas dadas são mais concordantes que discordantes, a distinção acaba sendo, de certo modo, por elas ratificada.

O livro de Laponce, professor da Universidade de Toronto, *Left and Right. The Topography of Political Perceptions*,[1] publicado em 1981, é a principal obra so-

---

1 Cf. J. A. Laponce, *Left and Right. The Topography of Political Perceptions*, Toronto: University of Toronto Press, 1981.

bre o tema, ponto de chegada das análises precedentes e ponto de partida das pesquisas posteriores. O autor faz algumas observações gerais e sugestivas a respeito das metáforas espaciais usadas na linguagem política e distingue principalmente a ordenação espacial vertical, alto-baixo, da ordenação horizontal, direita-esquerda. Como afirmei no capítulo anterior, existem outras metáforas, mas no momento limitar-me-ei a estas duas.

Laponce considera que a vertical é uma ordenação forte, e a horizontal uma ordenação fraca, nascida da Revolução Francesa quando a relação horizontal teria substituído a vertical. Na realidade, poder-se-ia observar que durante a Revolução Francesa nasceram os nomes "direita" e "esquerda", mas não a concepção horizontal da política, se com esta expressão entendemos o contraste entre partes contrapostas, que é o elemento essencial, comum portanto a todas as épocas, da luta política ou da política como luta. Dimensão vertical e dimensão horizontal da política estão uma ao lado da outra, inclusive porque representam duas relações diferentes, independentes uma da outra, do universo político: a relação governantes-governados de um lado, e a relação ou dos governantes entre si, ou dos governados entre si, do outro. A dimensão vertical de modo algum elimina a dimensão horizontal: uma e outra caminham normalmente juntas, e apenas em casos extremos podem, ora uma ora outra, desfalecer: a primeira numa guerra civil, a segunda, num sistema despótico em que apenas um detém o poder máximo e as divisões na base são proibidas. O autor limita-se a dizer que a metáfora horizontal jamais eliminou por completo a vertical. E não a eliminou, deve-se acrescentar, pela simples razão de que não podia eliminá-la: as duas metáforas têm funções representativas diversas e a esfera das relações políticas só pode ser globalmente representada se uma e outra estiverem juntas.

Outra observação curiosa e discutível é a que afirma ser a díade particularmente importante na democracia, pois as eleições reduzem os grupos contendores a dois, um contraposto e alternativo ao outro. À parte a consideração de que a redução a dois contendores alternativos é o efeito não das eleições em geral, mas de um determinado sistema eleitoral, o que produz o dualismo na democracia é algo bem mais universal do que o sistema eleitoral: é o princípio de maioria, pelo qual, com respeito a qualquer tipo de decisão coletiva, se formam necessariamente uma maioria e uma minoria.

De resto, o princípio dual em política está presente, bem além desta ou daquela forma particular de regime político, na conhecida e já mencionada definição de política como esfera da relação amigo-inimigo, que o afortunado inventor desta fórmula, Carl Schmitt, confronta, ainda que com uma indébita violação ou contaminação de planos diversos, com as duplas verdadeiro-falso, belo-feio etc. Mas sempre será preciso distinguir, o que Laponce não parece estar disposto a fazer, uma dualidade como amigo-inimigo, e outras a ela semelhantes – nas quais um dos dois termos é sempre positivo e o outro é sempre negativo –, da dupla direita-esquerda, na qual ambos os termos podem ter uma conotação positiva ou negativa segundo as ideologias e os movimentos que representam, e portanto segundo as pessoas ou os grupos que deles se apropriam. A afirmação de que o falso é a negação do verdadeiro, ou o feio do belo, confere a falso e feio uma conotação de valor negativa, ao passo que a afirmação de que a esquerda é a negação da direita, ou vice-versa, não comporta um juízo de valor negativo sobre a esquerda ou sobre a direita, pois o juízo axiologicamente negativo de uma negação depende unicamente do fato de que tenha sido dado um juízo axiologicamente positivo à coisa negada.

É inquestionável que em seu significado original, antes de se tornar uma metáfora da linguagem política, a dupla direita-esquerda teve uma conotação de valor unívoca, pelo fato de um dos dois termos, direita, sempre ter tido uma conotação positiva, e o outro, esquerda, sempre negativa. Também é inquestionável que esta unidirecionalidade foi mantida na maior parte dos usos metafóricos da dupla, a começar da linguagem religiosa, na qual os bons se sentam à direita, os maus à esquerda do Pai. Mas a univocidade não vale na linguagem política, na qual tanto a direita quanto a esquerda podem representar o lado positivo ou negativo da contraposição. Na linguagem política os bons e, respectivamente, os maus podem ser encontrados tanto à direita quanto à esquerda. Depende da parte de que provenha o juízo. O juízo de valor positivo ou negativo que conforme as circunstâncias se dá à direita ou à esquerda é parte integrante da própria luta política, na qual a metáfora espacial perdeu completamente o significado originário e representa apenas dois lugares não axiologicamente conotados, pois o sentar-se à direita ou à esquerda tem como ponto de referência não o pai comum, mas unicamente o presidente de uma assembleia, neutro por definição.

Laponce chega mesmo a sustentar, com uma afirmação que me parece fatualmente infundada, que, em contraste com a linguagem tradicional, especialmente a religiosa, na qual a esquerda representa o lado mau, na linguagem política a esquerda está sempre associada a traços altamente positivos, como futuro, criatividade, justiça. Ao passo que a maior parte das culturas não políticas, ao menos no Ocidente, é dominantemente de direita [*destrorso*], a cultura política contemporânea seria, segundo o autor, dominantemente de esquerda [*sinistrorso*] (mas a maior parte de seus exemplos estão referidos à França, com base na análise das eleições de 1880 a 1970). A observação de que revistas como *New Left* e *Keep Left* não têm correspondentes à direita é desmentida pelo surgimento, nos últimos decênios, de uma combativa e ambiciosa "*nouvelle droite*". E como esta dominância à esquerda representa, segundo o autor, um aspecto negativo do nosso tempo, isto mostra quanto a sua pesquisa é ideologicamente orientada, embora o seja de modo aberto, não sub-reptício.

A análise das tendências ideológicas do nosso tempo, conduzida com bastante rigor e apoiada numa rica documentação extraída de sondagens feitas em diversos países e em diversos momentos, está dominada pela contraposição entre religião e política, vistas respectivamente como momento positivo e momento negativo da história: a dominância da esquerda seria uma prova da negatividade da política. Isto equivaleria a dizer, conduzindo às extremas consequências uma tese mais acenada que desenvolvida, que haveria uma correlação, naturalmente perversa, entre a positividade da esquerda e a negatividade da política. Da contraposição entre momento religioso e momento político deriva a insistência com que o autor, equilibrando--se entre as várias propostas de distinção que emergem das várias sondagens analisadas, destaca o fato de que a distinção entre direita e esquerda se resolve em última instância na distinção entre sacro e profano, no interior da qual encontram seu posto outras diferenças, como aquela entre ordem hierárquica e ordem igualitária e aquela entre postura tradicionalista favorável à continuidade e postura aberta ao novo ou progressista, favorável à ruptura, à descontinuidade. Uma das afirmações que percorrem todo o livro, reaparecendo nas mais diversas ocasiões, é que a religião está à direita e o ateísmo à esquerda. Na realidade, a distinção assim proposta termina por coincidir com a distinção entre dimensão vertical e dimensão horizontal, que no início parecia indicar uma distinção diversa daquela entre direita e esquerda, definida por contraste com aquela entre alto e baixo. No fim do livro, o deslocamento do tema, limitado à dupla direita-esquerda, em direção à distinção, bem mais geral e comprometida, entre religião e política, chega ao ponto de representar a luta entre religião e política quase como a luta entre o bem e o mal, na qual o triunfo final pertence, não obstante todas as batalhas perdidas, à religião.

Caso se confrontem os resultados da pesquisa de Laponce, bem como sua insistência em contrapor o sacro ao profano, com a variedade e a complexidade das ideologias e dos movimentos que têm sido chamados de direita ou de esquerda, pode-se ver quanto aqueles resultados são parciais, e portanto inadequados, sobretudo no que diz respeito à identificação da direita. Há na Europa uma antiga tradição de direita reacionária, que é religiosa, de De Maistre a Donoso Cortés, a Carl Schmitt; mas há também uma direita não religiosa e pagã, que se serve da religião como *instrumentum regni*. Toda a "*nouvelle droite*" destes últimos decênios não é religiosamente orientada. Não atinge a nenhuma das fontes religiosas da direita tradicionalista. Se, além do mais, tem-se presente a distinção, analisada no capítulo anterior, entre extremismo e moderantismo, torna-se necessário ajustar as contas com uma direita moderada que tem uma visão completamente laica da política: penso num personagem como Vilfredo Pareto, cujas simpatias pela direita histórica o conduziram às portas do fascismo em seus últimos anos e cuja ridicularização das crenças religiosas de todas as espécies o levaram a ser comparado, não sem bons motivos, com Voltaire.

Também é igualmente parcial a atribuição a toda a esquerda de uma visão não religiosa, até mesmo ateísta, da vida e da sociedade. Partindo precisamente da consideração da ideologia igualitária, que o próprio Laponce vê como um dos traços característicos da esquerda, não se pode deixar de reconhecer quanta importância o igualitarismo de inspiração religiosa sempre teve nos movimentos revolucionários, dos Niveladores ingleses e dos seguidores de Winstanley à Teologia da Libertação. E, vice-versa, existe toda uma tradição de pensamento não igualitário, da qual Nietzsche é a expressão máxima, que considera o igualitarismo e seus produtos políticos, a democracia e o socialismo, como o efeito deletério da predicação cristã.

5
Outros critérios

1 Entre os estudiosos italianos, Dino Cofrancesco é quem tem insistido com maior frequência no tema e merece atenção por seu sutil espírito analítico. Segundo ele, se com a dessacralização do marxismo-leninismo terminou para sempre a leitura maniqueísta da oposição direita-esquerda, esta não resulta inteiramente destituída de sentido: "a libertação do homem do poder injusto e opressivo permanece, pensando bem, o núcleo duro da esquerda como 'categoria do político' capaz de resistir a todo processo de desmitificação". De outra parte, também a direita "representa uma modalidade do humano", na medida em que exprime o "enraizamento no solo da natureza e da história", a "defesa do passado, da tradição, da herança".[1] Não o sacro, como em Laponce, mas a tradição assume uma função preeminente na definição de direita proposta nesta nova interpretação, ao passo que o traço característico da esquerda seria o conceito, que é também um valor (e, tal como "tradição", um valor positivo), de emancipação. A referência à tradição, diversamente entendida e analisada em seus vários significados, seria pois um traço constante da dicotomia direita-esquerda.

---

1 D. Cofrancesco, "Destra/Sinistra. Se cade lo spartiacque", in *Il Secolo XIX*, 14 de agosto de 1990.

O autor insiste, em minha opinião acertadamente, na legitimidade da dicotomia, contra todos os velhos e novos detratores. E detém-se mais na busca de uma redefinição da direita do que da esquerda, o que é importante particularmente num contexto histórico em que a direita foi mais contestada do que a esquerda. Uma definição, para não ser contingente, ocasional, sujeita à variedade de posições historicamente determinadas, deve mover-se, segundo o autor, em direção à individuação da postura mental, da ideia inspiradora, em uma palavra, da "alma" de quem se professa de direita (o que também vale, naturalmente, para quem se professa de esquerda). A alma da direita pode ser expressa sinteticamente no mote: "Nada fora e contra a tradição, tudo na e pela tradição". Se se constata depois que existem diversas modalidades de direita, isto depende dos diversos significados de "tradição".

Cofrancesco indica seis destes significados: "tradição" como arquétipo, como elevação ideal de uma época fundamental ou decisiva na história da humanidade, como fidelidade à nação, como memória histórica, como comunidade de destino e, enfim, como consciência da complexidade do real. Por detrás destas diversas acepções do termo despontam diversos movimentos, ou então apenas diversas tomadas de posição pessoais, mas a alma comum pode explicar como ocorre historicamente a passagem de uma a outra, segundo os diversos momentos. Para dar um exemplo, a passagem, "nos anos entre as duas guerras mundiais, de não poucos militantes políticos da direita conservadora para a direita tradicionalista e desta para a direita totalitária".[2]

O objetivo a que Cofrancesco se propõe não é tanto a compilação de um repertório de opiniões, que são de resto interessadas, passionais, ideologicamente marcadas, de pessoas ou grupos que se dizem de direita ou de esquerda, mas a elaboração de uma distinção "crítica" dos

---

2 Idem, *Destra e sinistra*, Genova: Presso il Basilisco, 1981, p.34. Cf. também a coletânea de ensaios curtos, *Destra e sinistra, per un uso critico di due termini-chiave*, Verona: Bertani, 1984.

dois conceitos. O autor entende por crítica uma análise valorativa, ou meramente descritiva, que renuncie a sobrecarregar os termos em discussão com significados de valor reciprocamente excludentes e tenha bem presente que direita e esquerda não são conceitos absolutos, mas historicamente relativos, ou seja, "apenas dois modos possíveis de catalogar os diversos ideais políticos" e, portanto, "nem os únicos nem sempre os mais relevantes".[3] O "uso crítico" dos dois conceitos só se torna possível, segundo Cofrancesco, se se renuncia a concebê-los como se designassem totalidades históricas concretas, e se os interpreta como posturas de fundo, como intenções, de acordo com a definição de Karl Mannheim. Em outras palavras, só se consegue explicar certas confusões, ou superposições, que induzem a considerar que a distinção é originariamente incorreta ou tornou-se inútil num determinado contexto histórico, no qual homens de direita e de esquerda estão no mesmo terreno de luta, se os dois termos são usados em sentido fraco para designar um comportamento político, e não são, ao contrário, interpretados como expressão de uma vocação que permanece constante para além dos sistemas de governo adotados (como expressão, chego quase a dizer – a palavra não é usada por nosso autor, mas se tornou de amplo uso numa certa historiografia –, de uma "mentalidade").

Deste ponto de vista, "o homem de direita é aquele que se preocupa, acima de tudo, em salvaguardar a *tradição*; o homem de esquerda, ao contrário, é aquele que pretende, acima de qualquer outra coisa, *libertar* seus semelhantes das *cadeias* a eles impostas pelos privilégios de raça, casta, classe etc.".[4] "Tradição" e "emancipação" podem ser ainda interpretadas como metas últimas ou fundamentais, e, como tais, irrenunciáveis, tanto de uma parte quanto de outra: metas que podem ser alcançadas com meios

---

3 Idem, "Per un uso critico dei termini 'destra' e 'sinistra'", in *La Cultura*, n.3-4, p.399, 1975.

4 Ibidem, p.403.

diversos segundo as épocas e as situações. Na medida em que os próprios meios podem ser adotados, conforme as circunstâncias, tanto pela esquerda quanto pela direita, conclui-se que direita e esquerda podem se encontrar e até mesmo trocar de lado, sem porém deixarem de ser o que são. Mas é precisamente deste possível encontro, no que se refere ao uso de certos meios, que nascem as confusões sobre as quais se apoiam os contestadores da distinção.

Com exemplos históricos apropriados, Cofrancesco examina alguns temas que, contrariamente a afirmações apressadas e preconceituosas, não são por si sós nem de direita nem de esquerda, pois pertencem a ambas as partes, embora tal pertencimento não elimine a contraposição de fundo entre elas: o militarismo, o laicismo, o anticomunismo, o individualismo, o progresso técnico, o recurso à violência. Como se pode ver, trata-se de uma distinção entre a diferença essencial, que diz respeito à inspiração ideal, à intenção profunda, à mentalidade, e uma série de diferença não essenciais, ou apenas presumidas, frequentemente usadas como armas polêmicas na luta política contingente, diferenças que, tomadas por essenciais, são empregadas para dar falsas respostas à questão da natureza da díade e para negá-la, quando, em uma situação específica, parece momentaneamente desfalecer. Que a relação entre diferença essencial e diferenças não essenciais possa ser resolvida na distinção entre um valor final constante e valores instrumentais variáveis, e portanto intercambiáveis, é algo que se pode deduzir da afirmação de que "liberdade e autoridade, bem-estar e austeridade, individualismo e anti-individualismo, progresso técnico e ideal artesão são considerados, em ambos os casos, como *valores instrumentais*, a serem pois promovidos e refutados conforme a contribuição que puderem dar, respectivamente, ao reforço da tradição e à emancipação de todos os privilégios".[5]

A esta distinção baseada na mentalidade, Cofrancesco acrescenta, sem contrapô-la, outra distinção baseada em

---

5 Ibidem.

duas posturas não valorativas mas cognitivas, por ele chamadas de romântica ou espiritualista, a primeira, clássica ou realista, a segunda. A segunda é a postura do espectador crítico, ao passo que a primeira é a postura de quem vive a política sentimentalmente. Das seis grandes ideologias nascidas a partir da Revolução Francesa, três são clássicas: o conservadorismo, o liberalismo, o socialismo científico; e três são românticas: o anarco-libertarismo, o fascismo (e o radicalismo de direita) e o tradicionalismo.

Uma vez estabelecido que estas seis ideologias esgotam o campo, no mínimo como tipos ideais, o passo ulterior de nosso autor é constatar que a distinção entre direita e esquerda não coincide com a distinção entre tipos clássicos e românticos. Pondo à prova a possível combinação entre elas, chega à conclusão de que são de direita duas ideologias românticas, o tradicionalismo e o fascismo, e uma clássica, o conservadorismo; são de esquerda uma ideologia romântica, o anarco-libertarismo, e uma clássica, o socialismo científico; quanto à clássica restante, o liberalismo, é de direita e de esquerda conforme os contextos.

Diante da díade direita-esquerda, Cofrancesco não toma posição, parecendo julgá-la imparcialmente como historiador e analista político. Mas não esconde sua preferência pelo modo clássico de se colocar diante da díade direita-esquerda, quando comparado com o modo romântico. Parece quase querer dizer: a mim não importa tanto a contraposição entre direita e esquerda quanto a escolha da posição no âmbito do modo clássico e não do romântico. Sobretudo quando se trata de ingressar no concreto debate político italiano e escolher a parte ou as partes em que o intelectual deveria se colocar.

Mesmo nas páginas de um autor que rejeita o discurso ideológico para aprofundar um discurso crítico e analítico, aflora – e, acrescento, não poderia deixar de aflorar, em se tratando de um tema tão politicamente engajado como este da contestada, mas sempre iminente, díade – um desenho ideal: "A cultura política italiana deve se habituar de novo ao sentido das distinções, à paixão analítica, ao gosto pelas classificações, e deve perder, por sua vez, a atitude de assinar manifestos, de combater mesmo quando os objetos da disputa são confusos e os dados à disposição incertos e controvertidos".[6] É como dizer que o próprio modo de enfrentar o tema da díade, com método analítico e não com espírito de parte, já indica uma orientação política, que é uma coisa diante da distinção entre direita e esquerda, mas é, por si mesmo, uma tomada de posição política, um colocar-se, e uma sugestão para se colocar, mais de uma parte que de outra.

Resta saber se a dupla, tal como redefinida por Cofrancesco (de um lado, a tradição, de outro, a emancipação), é verdadeiramente uma dupla de contrários, como deveria ser se estivesse concebida para representar o universo antagônico da política. O oposto de tradição não deveria ser emancipação, mas inovação. E, reciprocamente, o oposto de emancipação não deveria ser tradição ou conservação, mas ordem imposta do alto, governo paternalista ou algo assim.

Certamente, ambas as duplas de contrários (tradição--inovação, imposição-emancipação) terminariam por repropor a distinção habitual, não muito original, entre conservadores e progressistas, considerada, ao menos idealmente, como própria do sistema parlamentar, como divisão principal entre dois grupos parlamentares contrapostos. Mas o deslocamento à direita de um termo nobre como tradição, em vez de imposição ou ordem hierárquica, e o deslocamento à esquerda de outro termo igualmente

---

6 Idem, *Destra e sinistra*, op. cit., p.22. Cofrancesco retornou frequentemente à distinção com novos argumentos e esclarecimentos. Refiro-me ao verbete "Sinistra" do *Grande dizionario enciclopedico*, de Utet Editore; e a "Fascismo a sinistra? Quello zoccolo duro che rimanda a destra", in *Messaggero Veneto*, 12 de fevereiro de 1991. Em um novo volume, *Parole della politica*, feito para utilização dos estudantes da Universidade de Pisa, para o ano acadêmico 1992-1993 (Pisa: Libreria del Lungarno, 1993), retoma o tema em dois breves ensaios, "Destra e sinistra", p.13-20, e "Sinistra", p.57-63, e propõe um novo critério de distinção baseado na diferente postura da direita e da esquerda com relação ao poder. Para um delineamento deste novo critério, cf. nota 7.

nobre como emancipação, em vez de inovação, podem ser considerados um sintoma daquela postura crítica pretensamente não ideológica que o autor se impôs desde o início da pesquisa. Uma postura que, ao empregar dois termos axiologicamente positivos em vez de um positivo e um negativo, fez o autor correr o risco de colocar em dúvida a contraposição e, assim, de fazer dos dois termos, não dois opostos, mas dois distintos.[7]

2 Enquanto Cofrancesco parte da necessidade de distinguir o elemento essencial e os elementos inessenciais da dupla, Elisabetta Galeotti parte da exigência preliminar de distinguir os contextos em que a dupla é usada; eles seriam quatro: a linguagem ordinária, a linguagem da ideologia, a análise histórico-sociológica e o estudo do imaginário social (no qual insere a obra de Laponce, amplamente comentada).[8]

---

7 Retomando o assunto em seu último livro, *Parole della politica*, Dino Cofrancesco, após ter-se referido explicitamente à minha tese ("seja atribuído ao mérito de Bobbio a tentativa de remeter a secular contraposição a um juízo de fato, pelo qual 'os homens são entre si tão iguais quanto desiguais'"), propõe um novo critério de distinção, sustentando que o fato do qual se deve partir é o poder, passível de ser considerado ora como princípio de coesão, ora como fonte de discriminação. A direita o entende do primeiro modo, a esquerda do segundo: "Os de esquerda são obsidiados pelo abuso do poder; os de direita, pela sua latência; os primeiros temem a oligarquia, origem de toda prepotência, os outros, a anarquia, fim de toda convivência civil" (p.17). A análise deste critério pode ser ainda enriquecida, segundo o autor, com a consideração das três formas clássicas de poder: político, econômico e cultural ou simbólico. Depois de ter ilustrado as vantagens do novo critério, considera provável que o grande conflito do futuro seja entre individualismo e holismo (p.18). Mais adiante retoma a mesma tese (p.61-3). De Cofrancesco, ver também, "Destra e sinistra. Due nemici invecchiati ma ancora in vita", in *Quindicinale Culturale di Conquiste del Lavoro*, 17-18 de abril de 1993.

8 Cf. E. Galeotti, "L'opposizione destra-sinistra. Riflessioni analitiche", in Vv. Aa., *La destra radicale*, organizado por F. Ferraresi, Milano: Feltrinelli, 1984, p.253-75. Cf. também E. Galeotti-F. Ferraresi, "Destra-Sinistra", in *Lessico della politica*, organizado por G. Zaccaria, Roma: Edizioni Lavoro, 1987, p.171-83.

O ponto de vista de que parte esta nova intérprete da distinção é o da análise ideológica, e mais uma vez o objetivo da análise é o de encontrar os conceitos mais compreensivos e exaustivos que permitam classificar com o máximo de simplificação, e ao mesmo tempo de completude, as ideologias dominantes nos dois últimos séculos. Retornando em parte às conclusões de Laponce, os dois termos escolhidos são "hierarquia" para a direita e "igualdade" para a esquerda. Também neste caso a oposição não é a que se poderia esperar. Por que "hierarquia" e não "desigualdade"?

A autora está preocupada com o fato de que o uso do termo menos forte "desigualdade", em vez do termo mais forte "hierarquia", desloque injustamente para a direita a ideologia liberal que, apesar de não acolher todas as ideias de igualdade que habitualmente caracterizam a esquerda, e podendo portanto ser vista sob certos aspectos como antiigualitária, não pode ser confundida com as ideologias segundo as quais a desigualdade entre os homens é natural, intrínseca, ineliminável, e que por isso devem ser mais corretamente chamadas de "hierárquicas" e não de "inigualitárias". Seria como dizer que existe inigualitarismo e inigualitarismo: depende do gênero de desigualdades que um ou outro acolhem e rejeitam. As desigualdades sociais que o liberalismo tolera seriam qualitativamente diversas das desigualdades a que se refere o pensamento hierárquico. Uma sociedade liberal, na qual a liberdade de mercado gera desigualdades, não é uma sociedade rigidamente hierarquizada.

A distinção entre inigualitarismo liberal e inigualitarismo autoritário é clara, e fez bem a autora em destacá-la. Porém, parece-me bem mais discutível que esta distinção tenha alguma coisa a ver com a distinção entre direita e esquerda. Não tão discutível quanto opinável. Uma linguagem como a da política já é por si mesma pouco rigorosa, pois é em grande parte feita de palavras extraídas da linguagem comum. Mais do que pouco rigorosa do ponto de vista descritivo, é composta de palavras ambíguas, senão mesmo ambivalentes, no que se refere à conotação de valor. Pense-se por exemplo nas diversas cargas emotivas a que corresponde, seja em quem a pronuncia seja em quem a escuta, a palavra "comunismo", segundo apareça no contexto de um discurso de um comunista ou de um anticomunista. Em qualquer dissenso político, a opinião – entendida como a expressão de uma convicção, não importa se privada ou pública, individual ou de grupo – tem suas raízes em um estado de ânimo de simpatia ou de antipatia, de atração ou de aversão, no que diz respeito a uma pessoa ou a um evento: como tal, é ineliminável, insinua-se por toda parte e, se não é sempre percebida, é porque procura se esconder e permanece escondida às vezes até mesmo para quem a manifesta. Que se cometa uma injustiça com o liberalismo ao colocá--lo mais à direita do que à esquerda é uma opinião que deriva, em quem a exprime, de um uso axiologicamente positivo de "liberalismo" e ao mesmo tempo de um uso axiologicamente negativo de "direita".

O discurso sobre direita e esquerda que estou analisando nasceu no âmbito de uma pesquisa sobre a nova direita radical, realizada por estudiosos que têm por esta uma profunda (e, em minha opinião, bem justificada) aversão. Ao mesmo tempo, a autora nunca escondeu suas simpatias pelo pensamento liberal. Enquanto o contexto da investigação induz a que se acentuem os aspectos negativos da direita, a postura da investigadora considera o liberalismo uma ideologia positiva. Pode-se por isso suspeitar que o deslocamento do critério de distinção entre direita e esquerda do conceito de "desigualdade" para o conceito de "hierarquia" seja um estratagema, talvez inconsciente, para que não recaia sobre o liberalismo a condenação que se costuma fazer cair, num determinado clima histórico, sobre a direita.

A respeito de opiniões não se discute. Pode-se apenas observar historicamente que desde quando surgiram os partidos socialistas na Europa as ideologias e os partidos liberais passaram a ser considerados, na linguagem comum, ideologias e partidos ou de direita (seria diferente o caso dos *liberals* americanos), como na Itália ou na França, ou de centro, como na Inglaterra ou na Alemanha. Por isso, fico tentado a concluir que se deve pôr em dúvida a oportunidade de substituir um critério de contraposição simples e claro como igualdade-desigualdade por um outro critério menos compreensivo e portanto menos convincente, como igualdade-hierarquia, unicamente para salvar de um juízo negativo a ideologia predileta. Este me parece um outro caso, interessante e bastante significativo, da combinação de uma postura analítica com uma postura ideológica, de que se falou no tópico precedente. Um caso que mostra, mais uma vez, posto que fosse necessário, a dificuldade intrínseca ao problema e as muitas razões que explicam o caráter fugidio da díade, sobre o qual já discorremos no capítulo 1.

Mais do que discutir uma opinião, talvez seja útil buscar compreender suas motivações. Já que a causa principal da correlação está, em meu modo de ver, no fato de se ter restringido o espaço da direita ao espaço da direita subversiva, o salvamento, se é que se pode falar assim, da ideologia liberal poderia ser obtido com um diverso estratagema, vale dizer, distinguindo uma direita subversiva de uma direita moderada, a que corresponderiam, de outra parte, uma esquerda moderada e uma esquerda subversiva. Esta solução teria a dupla vantagem de não forçar a linguagem comum e de não empregar um critério de distinção que me parece desequilibrado.

Elisabetta Galeotti enfrenta ainda um outro problema de grande interesse, a respeito do qual o escasso espírito analítico com que são habitualmente enfrentados os problemas políticos provocou muita confusão: o problema da "diferença". Diz-se que a descoberta do "diverso", tema por excelência dos movimentos feministas, teria posto em crise a dupla direita-esquerda. A autora observa corretamente que não é bem assim: a presença do diverso é compatível tanto com a ideologia de direita, como é natural, quanto com a ideologia de esquerda, já que o igualitarismo, ou

Direita e esquerda

seja, o nivelamento de toda diferença, é apenas o limite extremo, mais ideal que real, da esquerda. A igualdade de que fala a esquerda é quase sempre uma igualdade *secundum quid*, jamais uma igualdade absoluta.

É incrível a dificuldade para que se faça compreender que a descoberta de uma diversidade não tem qualquer relevância com respeito ao princípio de justiça, o qual, prescrevendo que os iguais devem ser tratados de modo igual e os desiguais de modo desigual, reconhece que ao lado dos que são considerados iguais existem os que são considerados desiguais ou diversos. Quanto à questão de saber quem são os iguais e quem são os desiguais, trata-se de um problema histórico, que não se resolve de uma vez para sempre, pois são mutáveis os critérios adotados para unir os diversos numa categoria de iguais ou desunir os iguais numa categoria de diversos. A descoberta do diverso é irrelevante no que diz respeito ao problema da justiça, desde que se demonstre que se trata de uma diversidade que justifica um tratamento diverso. A confusão é tanta que a maior revolução igualitária dos nossos tempos, a revolução feminina, com a qual nas sociedades mais avançadas as mulheres adquiriram direitos paritários em muitíssimos campos, a começar da esfera política até chegar à esfera familiar e terminar na esfera do trabalho, foi feita por movimentos em que as mulheres davam particular evidência, de modo fortemente polêmico, à diversidade.

A categoria do "diverso" não tem qualquer autonomia analítica com respeito ao tema da justiça: não só as mulheres são diversas dos homens, como cada mulher e cada homem são diversos uns dos outros. A diversidade torna-se relevante quando está na base de uma discriminação injusta. Porém, que a discriminação seja injusta não depende da diversidade, mas do reconhecimento de que inexistem boas razões para um tratamento desigual.

3 As várias reflexões históricas e críticas que Marco Revelli faz sobre direita-esquerda também nascem, como

as de Elisabetta Galeotti, do debate sobre a "nova direita".[9] A amplitude do horizonte histórico explorado por Revelli e a vastidão de suas elaborações sobre o assunto não têm precedentes. Como já pude dizer várias vezes, uma das razões da crise da díade está na refutação a ela feita pelos restauradores de uma direita que mergulhara em dificuldades após a derrocada do fascismo. Na realidade, o nascimento de uma nova direita era por si mesmo uma confirmação da velha díade: o termo "direita" designa a parte de uma dupla que tem como contraparte o termo "esquerda". Como já repeti muitas vezes, não há direita sem esquerda e vice-versa.

Revelli[10] também se pergunta sobre as diversas argumentações que foram adotadas para negar a distinção:

---

9 Reconheço que dos autores que se ocuparam da díade, Revelli é o que, em minha opinião, explorou melhor do que qualquer outro a vasta literatura sobre o tema e examinou os argumentos pró e contra. É também o estudioso de cujas reflexões e pesquisas extraí os maiores estímulos, graças à colaboração que pudemos manter nos seminários desenvolvidos nestes últimos anos no Centro de Estudos Piero Gobetti, em Turim. Os escritos de Revelli sobre o assunto são dois, ambos inéditos: o primeiro, *Destra e sinistra: l'identità introvabile*, manuscrito de 65 páginas que, embora mais curto, é o mais completo; o segundo, de idêntico título, *Destra e sinistra. L'identità introvabile*, edição provisória, Turim, 1990, 141 páginas, bem mais amplo do que o precedente na parte histórica e crítica, mas despojado da parte reconstrutiva. Minha exposição das teses de Revelli baseia-se essencialmente no primeiro texto, com algumas referências ao segundo texto nas duas notas seguintes. Espero que os dois textos sejam publicados o quanto antes.

10 No segundo texto de Revelli (cf. nota precedente), as razões da dissolução da díade são assim apresentadas: razões históricas, ou seja, a várias vezes declarada crise das ideologias; o fenômeno de derivação schmittiana da despoliticização e a superação do pensamento antinômico (Starobinski); o argumento oposto, "catastrófico", da politicização integral ou da radicalização do conflito; uma razão espacial, segundo a qual teria ocorrido a passagem da dimensão axial-linear à dimensão esférica do espaço político (Cacciari), onde não é mais possível a distinção entre direita e esquerda, que se teriam tornado relativas e intercambiáveis; uma razão temporal, consistente na sempre mais segura aceleração do tempo (Jünger e Koselleck); o

Direita e esquerda

argumentações históricas, políticas, conceituais e assim por diante. Convencido da complexidade do problema, examina os diversos pontos de vista a partir dos quais a distinção pode ser observada e distingue oportunamente os diversos critérios com base nos quais pode ser sustentada, critérios que foram historicamente adotados.[11] Seu vasto conhecimento a respeito das complexas vicissitudes do debate o leva a examinar o problema sob todos os aspectos até aqui considerados e a propor uma completa fenomenologia dele. No que diz respeito à natureza da distinção, que é problema preliminar, sobre o qual os precedentes autores também expressaram sua opinião, Revelli insiste num ponto que merece um comentário.

"Direita" e "esquerda" não são conceitos absolutos. São conceitos relativos. Não são conceitos substantivos ou ontológicos. Não são qualidades intrínsecas ao universo político. São lugares do "espaço político". Representam uma determinada topologia política, que nada tem a ver com a ontologia política: "Não se é de direita ou de esquerda no mesmo sentido em que se diz que se é 'comunista', 'liberal' ou 'católico'".[12] Em outros termos, direita e esquerda não são palavras que designam conteúdos fixados de uma vez

---

argumento organicista, segundo o qual, dada a natureza orgânica da sociedade, esta não toleraria fraturas explícitas nem contraposições estáveis. No final, estes seis argumentos são resolvidos em dois polos temáticos: de um lado, a crise de identidade das tradicionais famílias políticas; de outro, a ideia organicista e totalizante da ordem social, na qual nenhuma distinção é mais possível

11 No segundo texto de Revelli (cf. nota 9), também deste ponto de vista mais completo, são enumerados e examinados os seguintes critérios: temporal, segundo o qual a distinção entre direita e esquerda remete-se à contradição entre estabilidade e mudança; espacial, ao qual se refere a distinção entre princípio igualitário e princípio hierárquico; o critério decisionista, segundo o qual a autodireção e a autonomia se contrapõem à heteronomia; o critério sociológico, que remete à contraposição entre elites no poder e classes subalternas; o critério gnoseológico, no qual se inspiraria a contraposição entre *logos* e *mythos*.

12 Revelli, *Destra e sinistra*, datilogr., op. cit., p.30.

para sempre. Podem designar diversos conteúdos conforme os tempos e as situações. Revelli exemplifica com a passagem que a esquerda oitocentista fez do movimento liberal para o movimento democrático, e deste para o movimento socialista. Aquilo que é de esquerda assim o é com respeito àquilo que é de direita. O fato de direita e esquerda representarem uma oposição quer simplesmente dizer que não se pode ser simultaneamente de direita e de esquerda. Mas não diz nada sobre o conteúdo das duas partes contrapostas. A oposição permanece, mesmo que os conteúdos dos dois opostos possam mudar.

Neste ponto pode-se também observar que esquerda e direita são termos que a linguagem política passou a adotar no decorrer do século XIX, e preserva até hoje, para representar o universo conflituoso da política. Mas este mesmo universo pode ser representado, e foi de fato representado em outros tempos, por outras duplas de opostos, algumas das quais têm um valor descritivo forte, como "progressistas" e "conservadores", outras têm um valor descritivo fraco, como "brancos" e "negros". A dupla brancos-negros indica apenas uma polaridade, isto é, significa apenas que não se pode ser ao mesmo tempo branco e negro, mas não esclarece absolutamente nada sobre as orientações políticas de um e de outro. A relatividade dos dois conceitos também se demonstra pela observação de que o caráter indeterminado dos conteúdos, e portanto sua possível mobilidade, faz que uma certa esquerda, ao se deslocar para o centro, possa se tornar uma direita com respeito a uma esquerda que permaneceu imóvel, e, simetricamente, uma certa direita que se desloca para o centro torna-se uma esquerda com respeito a uma direita que não se movimentou. Na ciência política é bastante conhecido o fenômeno do "esquerdismo" [*sinistrismo*], tanto quanto o fenômeno simétrico do "direitismo" [*destrismo*], segundo os quais a tendência ao deslocamento para as posições extremas tem por efeito, em circunstâncias de particular tensão social, a formação de uma esquerda mais radical à esquerda da esquerda oficial, e de uma direita mais radical à direita da direita oficial: o extremismo de esquerda desloca a esquerda mais para a direita, assim como o extremismo de direita desloca a direita mais para a esquerda.

A insistência, de resto bem justificada, na imagem espacial do universo político que o uso metafórico de "direita" e "esquerda" faz nascer, exige uma nova observação: quando se diz que os dois termos da dupla constituem uma antítese, vêm-nos à mente a imagem de uma medalha e seu reverso, sem que seja prejudicada a colocação da direita na frente e da esquerda no reverso, ou vice-versa. As expressões familiares que são usadas para representar esta colocação são "de cá" e "de lá", "de uma parte" e "de outra", "por um lado" e "por outro". Os exemplos anteriormente mencionados de deslocamento da esquerda para a direita ou vice-versa, ao contrário, colocam a direita e a esquerda não uma contra a outra, mas uma após a outra em uma linha contínua, que permite passar gradualmente de uma a outra. A única imagem que não aceita a díade é a da esfera, como observa Revelli, ou a do círculo: de fato, se se desenha o círculo da esquerda para a direita, todo ponto está à direita do ponto seguinte e à esquerda do ponto precedente; e inversamente, se se desenha o círculo da direita para a esquerda. A diferença entre a metáfora da medalha e a metáfora do círculo é que a primeira configura o universo político como dividido em dois, ou dual, e a segunda consente uma imagem plural, feita de vários segmentos alinhados sobre uma mesma linha. Revelli observa corretamente que um sujeito que ocupasse todo o espaço político eliminaria qualquer distinção entre direita e esquerda: é o que ocorre de fato num regime totalitário, no interior do qual não é possível nenhuma divisão. No melhor dos casos, pode ser considerado de direita ou de esquerda quando confrontado com outro regime totalitário.

Uma vez estabelecido e admitido que direita e esquerda são dois conceitos espaciais, não são conceitos ontológicos, não têm um conteúdo determinado, específico e constante no tempo, deve-se concluir que são caixas vazias passíveis de serem preenchidas com qualquer mercadoria?

Examinando as interpretações precedentes, não podemos deixar de constatar que, não obstante a diversidade dos pontos de partida e das metodologias usadas, há um certo ar familiar entre eles, tanto que muitas vezes parecem ser variações de um único tema. O tema que retorna em todas as variações é o da contraposição entre visão horizontal ou igualitária da sociedade e visão vertical ou inigualitária. Destes dois termos, o primeiro foi o que manteve valor mais constante. Poder-se-ia quase dizer que a dupla gira em torno do conceito de esquerda e que as variações deste conceito correspondem sobretudo às diversas possíveis contraposições ao princípio da igualdade, entendido ora como princípio inigualitário ora como princípio hierárquico ou autoritário. O próprio Revelli, após ter proposto cinco critérios de distinção entre direita e esquerda – com base no tempo (progresso-conservação), no espaço (igualdade--desigualdade), nos sujeitos (autodireção-heterodireção), na função (classes inferiores-classes superiores) e no modelo de conhecimento (racionalismo-irracionalismo) – e após ter observado que a convergência destes elementos só se manifestou raramente, parece ao final atribuir um posto de particular relevo ao critério da igualdade-desigualdade, como sendo sob certos aspectos "fundador dos outros", que se tornariam, deste modo, "fundados". Como princípio fundador, a igualdade é o único critério que resiste à usura do tempo, à dissolução a que estiveram sujeitos os outros critérios, tanto que, como já se disse muitas vezes, a própria distinção entre direita e esquerda acabou por ser posta em questão. Somente assim seria possível "refundar" a díade, quer dizer, "reorganizar" os critérios derivados "do valor fixo da igualdade" ou do "caráter crucial da igualdade como valor".

6
Igualdade e desigualdade

1 Das reflexões feitas até aqui, das quais considero não ser possível excluir ao menos a atualidade, bem como da consulta a jornais e revistas realizada ao longo dos últimos anos, resulta que o critério mais frequentemente adotado para distinguir a direita da esquerda é a diversa postura que os homens organizados em sociedade assumem diante do ideal da igualdade, que é, com o ideal da liberdade e o ideal da paz, um dos fins últimos que os homens se propõem a alcançar e pelos quais estão dispostos a lutar.[1] Com base no

---

1 Esta ideia é amplamente aceita, inclusive por pessoas que pertencem a alinhamentos opostos. Em um recente "Dialoghetto sulla 'sinisteritas'", de Massimo Cacciari, diálogo que se desenvolve entre Tiquiades, o interlocutor, e Filipoli, que exprime as ideias do autor, o primeiro pergunta o que é que poderia convencer as camadas possuidoras a aceitarem políticas redistributivas, e Filipoli dá a seguinte resposta: "A existência de condições de base para a igualdade, e portanto de políticas de defesa das camadas menos protegidas, mais fracas, vale para mim como componente essencial da qualidade de vida". Em seguida, esclarece: "A igualdade é componente da qualidade de vida, assim como uma certa renda, um certo ambiente, certos serviços... É a igualdade que torna possível a diversidade, que torna possível a cada um valer como pessoa – mas não, é evidente, aquela abstrata e totalitária idéia de igualdade que significa a eliminação dos não iguais" (*MicroMega*, p.15, 1993). Em uma entrevista concedida ao *L'Unità*, 27 de abril de 1993, em que prenuncia a Aliança de direita, Domenico Fisichella, após ter declarado que "Bobbio tem razão, não podemos deixar cair a distinção entre direita e esquerda", embora

espírito analítico com que conduzi a investigação, prescindo completamente de qualquer juízo de valor – tal como o de saber se a igualdade é preferível à desigualdade –, até mesmo porque estes conceitos tão abstratos podem ser interpretados, e têm sido interpretados, de muitas maneiras e sua maior ou menor preferibilidade depende do modo como são interpretados. O conceito de igualdade é relativo, não absoluto. É relativo ao menos a três variáveis que precisam ser consideradas toda vez que se introduz o discurso sobre a maior ou menor desejabilidade, e/ou sobre a maior ou menor realizabilidade, da ideia de igualdade: a) os sujeitos entre os quais se trata de repartir os bens e os ônus; b) os bens e os ônus a serem repartidos; c) o critério com base no qual fazer a repartição.

Em outras palavras, nenhum projeto de repartição pode deixar de responder a estas três perguntas: "Igualdade

---

admitindo que "historicamente certos motivos culturais migraram de uma parte a outra", responde do seguinte modo à pergunta destinada a saber se existem elementos distintivos constantes entre direita e esquerda: "Claro. Constantes que definem uma antropologia de direita existem. Enquanto a esquerda está fundada sobre a ideia de igualdade, a direita apoia-se sobre a ideia do não igualitarismo". Em uma intervenção publicada em *L'Unità*, 26 de novembro de 1992, Ernst Nolte, que certamente não pode ser incluído entre os historiadores de esquerda, fala da esquerda igualitária como de "uma esquerda eterna", que rivaliza conforme os tempos e as circunstâncias históricas com a esquerda liberal. A esta esquerda eterna apresenta-se agora a grande tarefa de lutar contra todas as divisões raciais "em favor de uma mescla de todas as raças e de todos os povos". Em uma entrevista precedente também concedida ao *L'Unità*, 11 de julho de 1992, o mesmo Nolte havia declarado que a esquerda continua a exprimir as demandas da igualdade, mas deveria reduzir as próprias pretensões, entre as quais a de promover a integração, de um dia para o outro, de milhões de imigrados à Europa. Mas quando é que a esquerda apresentou uma proposta deste gênero? Ainda em *L'Unità*, 28 de novembro de 1993, em uma entrevista concedida a Giancarlo Bosetti, Giovanni Sartori, porém, respondendo a Nolte, nega que a ideia de igualdade possa caracterizar a esquerda, pois desde os gregos caracteriza a democracia.

Direita e esquerda

sim, mas entre quem, em relação a que e com base em quais critérios?".[2]

Combinando estas três variáveis, pode-se obter, como é fácil imaginar, uma variedade enorme de tipos de repartição, todos passíveis de serem chamados de igualitários apesar de serem muito diversos entre si. Os sujeitos podem ser todos, muitos ou poucos, até mesmo um só; os bens a serem distribuídos podem ser direitos, vantagens ou facilidades econômicas, posições de poder; os critérios podem ser a necessidade, o mérito, a capacidade, a posição social, o esforço e outros mais; e no limite a ausência de qualquer critério, que caracteriza o princípio maximamente igualitário, que proponho chamar de "igualitarista": "A todos a mesma coisa".[3]

---

2 Detive-me mais amplamente sobre estes temas no verbete "Igualdade", composto para a *Enciclopedia del Novecento*, Istituto dell'Enciclopedia Italiana, Roma, v.II, p.355-65, do qual reproduzo aqui o sumário: 1. Igualdade e liberdade; 2. Igualdade e justiça; 3. As situações de justiça; 4. Os critérios de justiça; 5. A regra de justiça; 6. A igualdade de todos; 7. A igualdade diante da lei; 8. A igualdade jurídica; 9. A igualdade de oportunidades; 10. A igualdade de fato; 11. O igualitarismo; 12. O igualitarismo e o seu fundamento; 13. Igualitarismo e liberalismo; 14. O ideal da igualdade; Bibliografia.

3 Em *Inequality reexamined* (Oxford University Press, 1991), que cito da tradução italiana publicada com o título *La diseguaglianza. Un esame crítico*, Bologna: Il Mulino, 1992, Amartya Sen, partindo da dupla constatação, de um lado, da diversidade dos homens (que chama de "penetrante") e, de outro, da multiplicidade de modos com que se pode responder à pergunta "igualdade em quê?" (*equality of what?*), afirma que não existem teorias completamente inigualitárias, pois todas propõem a igualdade em alguma coisa como meio que conduz a uma boa vida. O juízo e a mensuração da igualdade dependem da escolha da variável – renda, riqueza, felicidade etc. –, que conforme as circunstâncias é selecionada pelas diversas teorias. Chama esta variável de "focal". A igualdade baseada em uma variável obviamente não coincide com a igualdade baseada em outra. Uma teoria que se apresenta como inigualitária também acaba por ser igualitária, embora com base em um outro ponto focal. A igualdade em um espaço pode coexistir de fato com a desigualdade em outro (p.39-40). Destas observações, pode-se concluir que é tão irrealista afirmar que todos os homens devem ser iguais quanto

Nenhum destes critérios tem valor exclusivo. Existem situações em que podem se ajustar um ao outro. Mas não se pode ignorar que existem situações em que um deve ser aplicado com base na exclusão de qualquer outro.

Na sociedade familiar, por exemplo, o critério prevalente na distribuição dos recursos é mais a necessidade do que o mérito, mas o mérito não está excluído, assim como não está excluído, nas famílias ordenadas autoritariamente, o critério da posição social. Na fase final da sociedade comunista, de acordo com Marx, deveria valer o princípio "A cada um segundo suas necessidades", baseado na ideia segundo a qual as necessidades são aquilo em que os homens são naturalmente mais iguais. Na escola, que não pode deixar de ter uma finalidade seletiva, o critério do mérito é exclusivo; do mesmo modo nos concursos para um encargo qualquer, não importa se público ou privado. Em uma sociedade por ações, os dividendos são atribuídos com base nas cotas de propriedade possuídas por cada acionista, assim como na sociedade política os assentos parlamentares são atribuídos com base nos votos obtidos pelas forças políticas, ainda que mediante cálculos que variam segundo a lei eleitoral adotada. O critério da posição social é adotado para definir os lugares em uma cerimônia ou em um banquete oficial. Às vezes o critério da idade prevalece ou é adotado na escolha entre dois concorrentes com igual mérito. A máxima "a cada um o seu" é em si mesma vazia e deve ser preenchida especificando não apenas a quais sujeitos está referida e qual o bem a ser distribuído, mas também qual é o critério exclusivo ou prevalente que, com relação àqueles sujeitos e àquele bem, deve ser aplicado.[4]

---

que todos os homens devem ser desiguais. Realista é apenas afirmar que alguma forma de igualdade é desejável: "É difícil imaginar uma teoria ética que tenha um certo grau de plausibilidade social sem prescrever uma consideração igual para todos em alguma coisa" (p.18).

4 Sobre este tema, remeto aos estudos, por mim sempre apreciados – apesar de menos citados de uns anos para cá, em virtude da prevalência

Doutrinas mais ou menos igualitárias podem ser distinguidas segundo a maior ou menor extensão dos sujeitos interessados, a maior ou menor quantidade e valor dos bens a distribuir e o critério adotado para distribuir tais bens a um certo grupo de pessoas.

Com respeito aos sujeitos, o sufrágio universal masculino e feminino é mais igualitário do que o sufrágio universal apenas masculino; o sufrágio universal masculino é mais igualitário do que o sufrágio masculino limitado aos possuidores ou aos não analfabetos. Com respeito aos bens, a democracia social que estende a todos os cidadãos, além dos direitos de liberdade, também os direitos sociais, é mais igualitária do que a democracia liberal. Com respeito ao critério, a máxima "a cada um segundo suas necessidades" é, como já se disse, mais igualitária do que a máxima "a cada um segundo sua posição", que caracteriza o Estado de estamentos ao qual se contrapôs o Estado liberal.

2 Tais premissas são importantes e necessárias, pois, quando se diz que a esquerda é igualitária e a direita inigualitária, não se quer realmente dizer que para ser de esquerda é preciso proclamar o princípio de que todos os homens devem ser iguais em tudo, independentemente de qualquer critério discriminador, porque esta seria não só uma visão utópica – para a qual, é preciso reconhecer, se inclina mais a esquerda do que a direita, ou talvez apenas a esquerda – mas, pior do que isso, uma pura

---

crescente, a partir de John Rawls, da literatura anglo-saxã sobre o assunto –, de Charles Perelman, a começar de *De la justice*, Bruxelles: Institut de Sociologie Solvay, 1945, que apresentei e comentei em "Sulla nozione di giustizia", in *Archivio Giuridico*, n.CXLII, p.16-33, 1952, e depois traduzido e publicado com um prefácio meu (*La giustizia*, Torino: Giappichelli, 1959). Ver também outros escritos de Perelman sobre a justiça, in *Justice et raison*, Bruxelles: Presses Universitaires de Bruxelles, 1963. Mais recentemente, o tema foi reconsiderado, renovado e explorado em todos os aspectos no excelente livro de M. Walzer, *Spheres of justice. A defense of Pluralism and Equality*, New York: Basic Books, 1983 (trad. it. Feltrinelli, 1987).

declaração de intenções à qual não parece ser possível dar um sentido razoável. Em outras palavras, afirmar que a esquerda é igualitária não quer dizer que ela também é igualitarista. A distinção deve ser destacada porque, com muita frequência, como ocorreu com todos os que consideraram a igualdade característica distintiva da esquerda, houve quem acusasse os igualitários de igualitaristas, em decorrência de um insuficiente conhecimento do "abc" da teoria da igualdade.

Uma coisa é a doutrina igualitária ou um movimento nela inspirado, que tendem a reduzir as desigualdades sociais e a tornar menos penosas as desigualdades naturais; outra coisa é o igualitarismo, quando entendido como "igualdade de todos em tudo". Já me ocorreu certa vez de citar uma passagem do *Demônios* de Dostoievski – "Sigalev é um homem genial, um gênio do tipo de Fourier, mas mais audacioso do que Fourier, mais forte do que Fourier. Ele inventou a igualdade" – e de comentá-la observando que, sendo a sociedade ideal sonhada por aquele personagem a realização do princípio "apenas o necessário é necessário", ele teria inventado não a igualdade, que é um conceito em si mesmo vazio e passível de ser preenchido pelos mais diversos conteúdos, mas uma aplicação especial da ideia de igualdade, ou seja, o igualitarismo.[5] Certo, o igualitarismo tem a ver com a igualdade. Mas qual é a doutrina política que não tem a ver, em maior ou menor medida, com a igualdade?

Em sua formulação mais radical, a igualdade é o traço comum das cidades ideais dos utopistas, assim como uma feroz desigualdade é o sinal admoestador e premonitório das utopias ao contrário, ou "distopias" ("todos os homens são iguais, mas alguns são mais iguais do que outros").[6]

---

5 N. Bobbio, "Eguaglianza ed egualitarismo", in *Rivista Internazionale di Filosofia del Diritto*, n.LIII, p.321-30, 1976.

6 Embora refutando todas as formas de abdicação ao realismo dos céticos, Thomas Nagel investe contra o utopismo igualitário no volume *I paradossi dell'eguaglianza*, Milano: Il Saggiatore, 1993 (ed. orig.

Direita e esquerda

Igualitarista é tanto a proposição que deu origem às utopias, como a de Thomas Morus, para o qual "até quando ela [a propriedade] perdurar, pesará sempre sobre a maior e melhor parte da humanidade o fardo angustiante e inevitável da pobreza e da desventura", quanto a proposição de Campanella, cuja Cidade do Sol é habitada por filósofos "que decidiram viver de modo filosófico em comum". Inspira tanto as visões milenaristas das seitas heréticas que lutam pelo advento do reino de Deus, quanto as revoltas camponesas dirigidas por Thomas Münzer, que, segundo Melantone, ao pregar que todos os bens tornar-se-iam comuns, "tornou a multidão tão malvada a ponto de não ter mais vontade de trabalhar". Acende de paixão revolucionária as invectivas de Winstanley, que declarava ser o governo do rei "o governo dos escribas e dos fariseus que não se consideram livres se não são proprietários da terra e de seus irmãos", e ao qual era contraposto o governo dos republicanos como "o governo da justiça e da paz que não faz distinção entre pessoas". Constitui o nervo do pensamento dos socialistas utópicos, do *Códice*

Equality and partiality, Oxford: Oxford University Press, 1991). A obra de Nagel, inspirada numa "sã insatisfação com o mundo iníquo em que vivemos", busca uma solução para o problema da justiça em uma equilibrada adaptação do ponto de vista individual, ineliminável, ao ponto de vista impessoal. A propósito do utopismo, sustenta que este sacrifica o primeiro ao segundo e o considera perigoso, pois "exerce uma pressão excessiva sobre as motivações individuais" (p.34). É preciso, porém, observar que também nas teorias dos utopistas o princípio "igualdade de todos em tudo" deve ser sempre acolhido com a mais ampla cautela. Até a igualdade proposta pelo discípulo de Babeuf, Filippo Buonarroti, na *Conspiração dos iguais*, um dos textos em que o igualitarismo é mais exaltado, a igualdade (a "santa igualdade", como é chamada) é prevista especificamente com respeito ao poder e à riqueza, entendendo-se por igualdade de poder a submissão de todos às leis emanadas de todos (aqui a inspiração de Rousseau é evidente) e por igualdade de riqueza a possibilidade de que todos tenham o bastante e ninguém tenha demais (outro princípio rousseauniano). Quanto à resposta dada à pergunta "igualdade entre quem?", do "todos" são até mesmo excluídas as mulheres.

da Natureza, de Morelly, à sociedade da "grande harmonia", de Fourier. Chega até a Babeuf, que declara: "Somos todos iguais, não é verdade? Este princípio é incontestável porque, a menos que atingido pela loucura, não se poderia dizer que é noite quando é dia. Pois bem, pretendemos também viver e morrer tão iguais como nascemos: queremos a igualdade efetiva ou a morte". Enquanto Babeuf considera "loucos" ["*folle*"] os que refutam o igualitarismo extremo, aqueles que raciocinam com base no senso comum afirmaram mil vezes no curso da história que loucos são os igualitários ilimitados que sustentam doutrinas tão horríveis teoricamente quanto (por sorte) irrealizáveis praticamente. Todavia, a persistência do ideal utópico na história da humanidade – podemos esquecer que também Marx almejava e prognosticava a passagem do reino da necessidade para o reino da liberdade? – é uma prova irrefutável do fascínio que o ideal da igualdade, além dos ideais da liberdade, da paz e do bem-estar (o "país da abundância"[7]), exerce sobre os homens de todos os tempos e de todas as regiões.

3 As desigualdades naturais existem e se algumas delas podem ser corrigidas, a maior parte não pode ser eliminada. As desigualdades sociais também existem e se algumas delas podem ser corrigidas e mesmo eliminadas, muitas – sobretudo aquelas pelas quais os próprios indivíduos são responsáveis – podem ser apenas desencorajadas. Embora reconhecendo a dificuldade de distinguir as ações pelas quais um indivíduo pode ser responsabilizado, como sabe qualquer juiz encarregado de decidir se tal ou qual indivíduo deve ser considerado culpado ou inocente, é preciso no entanto admitir que o *status* de uma desigualdade natural ou de uma desigualdade social derivada do

---

7 No original, "il paese di cuccagna": lugar fabuloso imaginado como espaço de plena realização das possibilidades de comer, beber e se divertir à vontade, quase como sinônimo de vida alegre e sem dificuldades. (N. T.)

Direita e esquerda

nascimento em uma família e não em outra, em uma região do mundo e não em outra, é diferente do status de uma desigualdade que depende de capacidades diversas, da diversidade dos fins a serem alcançados, da diferença de empenho empreendido para alcançá-los. E a diversidade do *status* não pode deixar de ter uma influência sobre o tratamento dado a uns e a outros por parte dos poderes públicos.

Disso decorre que quando se atribui à esquerda uma maior sensibilidade para diminuir as desigualdades não se deseja dizer que ela pretende eliminar todas as desigualdades ou que a direita pretende conservá-las todas, mas no máximo que a primeira é mais igualitária e a segunda é mais inigualitária.

Considero que esta diversa postura perante a igualdade e, respectivamente, perante a desigualdade tem suas raízes e, portanto, a possibilidade de explicação, em um dado de fato, compreensível por quem quer que seja, dificilmente contestável, mesmo que igualmente difícil de ser verificado. Refiro-me não a este ou àquele critério de repartição, não à aplicação de um ou outro critério a este ou àquele grupo de pessoas, não à preferência pela repartição de certos bens e não de outros. Penso, ao contrário, em uma postura geral essencialmente emotiva, mas passível de ser racionalizada, ou em uma predisposição – cujas raízes podem ser, conjuntamente, familiares, sociais, culturais – irredutivelmente alternativa a outra postura ou a outra predisposição igualmente geral e também emotivamente inspirada.

O dado básico que considero o ponto de partida de meu raciocínio é o seguinte.[8] Os homens são entre si tão

---

8 Retomo aqui, em parte, a comunicação apresentada no seminário "Nuova destra e cultura reazionaria negli anni Ottanta", *Cuneo*, 19-21 de novembro de 1982, intitulada "Per una definizione della destra reazionaria", depois inserida nos anais do seminário, publicados por *Notiziario dell'Istituto Storico della Resistenza di Cuneo e Provincia*, n.23, p.19-32, junho de 1983.

iguais quanto desiguais. São iguais por certos aspectos e desiguais por outros. Dando um exemplo bastante óbvio: são iguais diante da morte porque todos são mortais, mas são desiguais diante do modo de morrer porque cada um morre de modo particular, diferente de todos os demais. Todos falam, mas existem milhares de línguas diversas. Nem todos, mas milhões e milhões de indivíduos mantêm uma relação com um além ignorado, mas cada um adora seu próprio Deus ou seus próprios deuses.

Pode-se dar conta deste indiscutível dado de fato estabelecendo que os homens são iguais se considerados como *genus* e confrontados com um *genus* diverso, como o dos outros animais e demais seres vivos, dos quais se diferenciam por algumas características específicas e particularmente relevantes, como a que por longa tradição permitiu definir o homem como *animal rationale*. São desiguais entre si se considerados *uti singuli*, isto é, tomados um por um. Entre os homens, tanto a igualdade quanto a desigualdade são fatualmente verdadeiras, pois são confirmadas por provas empíricas irrefutáveis. A aparente contraditoriedade das duas proposições – "os homens são iguais" e "os homens são desiguais" – depende unicamente do fato de que, ao observá-los, ao julgá-los e ao extrair disso consequências práticas, se enfatize mais o que têm em comum ou mais o que os distingue. Por isso, podem ser corretamente chamados de igualitários aqueles que, ainda que não ignorando que os homens são tão iguais quanto desiguais, apreciam de modo especial e consideram mais importante para a boa convivência aquilo que os une; podem ser chamados de inigualitários, ao contrário, aqueles que, partindo do mesmo juízo de fato, apreciam e consideram mais importante, para fundar uma boa convivência, a diversidade.[9]

---

9 O destaque dado ao que une todos os homens é um velho argumento dos igualitários. Para contestar as ideias dos oligarcas, o sofista Antifonte afirma: "por natureza somos absolutamente iguais, gregos ou bárbaros. Basta observar as necessidades naturais de todos os

Trata-se de um contraste entre opções últimas, das quais é difícil conhecer a origem profunda. Mas é precisamente o contraste entre estas opções últimas que, em minha opinião, consegue melhor do que qualquer outro critério salientar os dois opostos alinhamentos que nos habituamos, por longa tradição, a chamar de esquerda e direita. De um lado, estão aqueles que consideram que os homens são mais iguais que desiguais, de outro, aqueles que consideram que são mais desiguais que iguais.

Este contraste entre opções últimas é acompanhado por uma diversa avaliação da relação entre igualdade-desigualdade natural e igualdade-desigualdade social. O igualitário parte da convicção de que a maior parte das desigualdades que o indignam, e que gostaria de fazer desaparecer, são sociais e, enquanto tal, elimináveis; o inigualitário, ao contrário, parte da convicção oposta, de que as desigualdades são naturais e, enquanto tal, inelimináveis. O movimento feminista foi um movimento igualitário. A força do movimento dependeu do fato de que um de seus temas preferidos sempre foi, independentemente da veracidade fatual, o reconhecimento de que as desigualdades entre homem e mulher, embora tendo raízes na natureza, são o produto de costumes, leis, imposições do mais forte sobre o mais fraco, e são socialmente modificáveis. Manifesta-se neste novo contraste o chamado "artificialismo", que é considerado uma das características da esquerda. A direita está mais disposta a aceitar aquilo que é natural e aquilo que é a segunda natureza, ou seja, o habitual, a tradição, a força do passado. O artificialismo da esquerda não cede sequer diante das flagrantes desigualdades naturais, as que não podem ser atribuídas à sociedade: pense-se na ideia de libertar os loucos dos manicômios. Ao lado da natureza

---

homens... Nenhum de nós pode ser definido nem como bárbaro nem como grego. Na verdade, todos respiramos o ar com a boca e o nariz". Citado por L. Canfora, "Studi sull'Athenaion Politeia pseudo-senofontea", in *Memorie dell'Accademia delle Scienze di Torino*, s. V, IV (1980), Classe di scienze naturali, storiche e filosofiche, p.44.

madrasta está a sociedade madrasta. E a esquerda está geralmente propensa a considerar que o homem é capaz de corrigir tanto uma quanto a outra.

4 Este contraste, no que diz respeito à diversa valoração das igualdades naturais e das igualdades sociais pode ser exemplarmente documentado com a referência a dois autores passíveis de serem elevados à condição de representantes, respectivamente, do ideal igualitário e do ideal inigualitário: Rousseau e Nietzsche, o anti-Rousseau.

O contraste entre Rousseau e Nietzsche pode ser bem ilustrado precisamente pela diversa postura que um e outro assumem perante a naturalidade e a artificialidade da igualdade e da desigualdade. No *Discurso sobre a origem da desigualdade*, Rousseau parte da consideração de que os homens nascem iguais, mas são tornados desiguais pela sociedade civil, isto é, pela sociedade que se superpõe lentamente ao estado de natureza pelo desenvolvimento das artes. Nietzsche, ao contrário, parte do pressuposto de que os homens são por natureza desiguais (e para ele é um bem que o sejam, já que uma sociedade fundada na escravidão, como a grega, era, precisamente em razão da existência dos escravos, uma sociedade evoluída) e apenas a sociedade, com sua moral gregária, com sua religião da compaixão e da resignação, pode fazer que se tornem iguais. A mesma corrupção que, para Rousseau, gerou a desigualdade, gerou para Nietzsche a igualdade. Onde Rousseau vê desigualdades artificiais, a serem condenadas e abolidas por contrastarem a fundamental igualdade da natureza, Nietzsche vê uma igualdade artificial, a ser execrada na medida em que tende a eliminar a benéfica desigualdade que a natureza desejou que reinasse entre os homens. A antítese não poderia ser mais radical: em nome da igualdade natural, o igualitário condena a desigualdade social; em nome da desigualdade natural, o inigualitário condena a igualdade social. Basta-nos esta citação: a igualdade natural "é um gracioso expediente mental com que se mascara, mais uma vez, à guisa de um segundo e

Direita e esquerda

mais sutil ateísmo, a hostilidade das plebes a tudo o que é privilegiado e soberano".[10]

5 A tese aqui apresentada, segundo a qual a distinção entre esquerda e direita refere-se ao diverso juízo positivo ou negativo sobre o ideal da igualdade, que deriva em última instância da diferença de percepção e de avaliação daquilo que torna os homens iguais ou desiguais, coloca-se em um nível tão elevado de abstração que serve no máximo para distinguir dois tipos ideais.

Descendo mais um degrau, a diferença entre os dois tipos ideais resolve-se concretamente no contraste de valoração sobre o que é considerado relevante para justificar uma discriminação. A regra áurea da justiça, "tratar os iguais de modo igual e os desiguais de modo desigual", exige, para não ser uma pura fórmula vazia, que se responda à seguinte pergunta: "Quem são os iguais, quem são os desiguais?" A disputa entre igualitários e inigualitários define-se, de uma parte e de outra, em apresentar de argumentos pró e contra para sustentar que certos traços característicos dos indivíduos pertencentes ao universo considerado justificam ou não justificam um tratamento igual. O direito de voto às mulheres não foi reconhecido enquanto se aceitou que entre homens e mulheres existissem diferenças – tais como a maior passionalidade, a ausência de um interesse específico em participar da vida política, a dependência do homem etc. – passíveis de justificarem uma diferença de tratamento com respeito à atribuição dos direitos políticos. Para dar outro exemplo de grande atualidade: em uma época de crescente fluxo imigratório de países pobres para países ricos, e portanto de encontros e desencontros entre pessoas diferenciadas por costumes, língua, religião, cultura, o contraste entre igualitários e inigualitários mostra-se no maior ou menor relevo que se dá a estas diferenças para justificar uma maior

---

10 F. Nietzsche, *Al di là del bene e del male*, in *Opere complete*, org. G. Colli e M. Montinari, Milano: Adelphi, 1968, v.VI, tomo II, p.27.

ou menor igualdade de tratamento. Também neste caso, como em muitos outros, a maior ou menor discriminação está fundada sobre o maior ou menor relevo que se dá a traços característicos do diverso, que para alguns não justificam e para outros justificam uma diversidade de tratamento. Supérfluo acrescentar que este contraste em uma situação específica tem suas raízes na contrastante tendência, antes ilustrada, a apreender mais aquilo que une do que aquilo que divide os homens. Igualitário é quem tende a atenuar as diferenças, inigualitário quem tende a acentuá-las.

Uma formulação exemplar do princípio da relevância é o Artigo 3 da Constituição Italiana. Esse artigo é uma espécie de síntese dos resultados a que chegaram lutas seculares inspiradas no ideal da igualdade, resultados obtidos com a eliminação gradual de discriminações fundadas sobre diferenças consideradas relevantes e que pouco a pouco foram caindo por razões históricas múltiplas: resultados de que doutrinas e movimentos igualitários se consideram intérpretes e promotores.[11]

---

11 O mencionado artigo estabelece: "Todos os cidadãos têm paridade social e são iguais perante a lei, sem distinção de sexo, raça, língua, religião, opiniões políticas, condições pessoais e sociais." As categorias aqui mencionadas são as que a nossa Constituição considera irrelevantes como critério de divisão entre os seres humanos e representam bem as etapas que a história humana percorreu no processo de igualamento. Não está dito que estas sejam as únicas. Em um artigo publicado há alguns anos, mencionei estes dois casos: discriminações ainda não previstas e que poderão se tornar relevantes no futuro próximo, e discriminações que continuam a ser relevantes. Com relação ao primeiro caso, levantava a hipótese fantástica de que um cientista (tudo é possível) considere ter demonstrado, por exemplo, que os extrovertidos sejam superiores por natureza aos introvertidos, e que um grupo político (também isto é possível) proponha que os extrovertidos sejam autorizados a tratar mal os introvertidos. Esta seria uma boa razão para dispor legislativamente que as diferenças psíquicas também são, como todas aquelas até hoje enumeradas, irrelevantes para discriminar um homem ou uma mulher de um outro ou de uma outra. Com relação ao segundo caso, a distinção entre crianças

Se hoje, diante destes resultados adquiridos e incorporados constitucionalmente, não há mais razão para distinguir a direita da esquerda, isto não quer dizer em hipótese alguma que direita e esquerda tenham contribuído do mesmo modo para a consecução deles, nem que, uma vez tornada ilegítima uma discriminação, direita e esquerda admitam o fato com a mesma força de convicção.

Uma das conquistas mais clamorosas, embora hoje já comece a ser contestada, dos movimentos socialistas que se identificaram, ao menos até agora, com a esquerda, é o reconhecimento dos direitos sociais ao lado dos direitos de liberdade. Trata-se de novos direitos que começaram a ser incorporados às constituições a partir do fim da Primeira Guerra Mundial e foram consagrados pela *Declaração Universal dos Direitos do Homem* e por outras Cartas internacionais sucessivas. A razão de ser de direitos sociais, como o direito à educação, o direito ao trabalho, o direito à saúde, é uma razão igualitária. Todos esses três direitos objetivam reduzir a desigualdade entre quem tem e quem não tem, ou colocar um número cada vez maior de indivíduos em condições de serem menos desiguais no que diz respeito a indivíduos mais afortunados por nascimento ou condição social.

Mais uma vez não estou dizendo que uma maior igualdade é um bem e uma maior desigualdade um mal. Não desejo sequer dizer que uma maior igualdade seja sempre e em todos os casos preferível a outros valores como a liberdade, o bem-estar, a paz. Com estas referências a situações históricas, pretendo simplesmente reafirmar minha tese de que o elemento que melhor caracteriza as doutrinas e os movimentos que se chamam de "esquerda", e como tais têm sido reconhecidos, é o igualitarismo, desde que entendido, repito, não como a utopia de uma sociedade em que todos são iguais em tudo, mas como tendência,

---

e adultos ainda é relevante no que se refere ao reconhecimento de alguns direitos. ("Eguaglianza e dignità degli uomini" [1963], agora em *Il Terzo Assente*, Torino: Sonda, 1989, p.71-83).

de um lado, a exaltar mais o que faz os homens iguais do que o que os faz desiguais, e de outro, em termos práticos, a favorecer as políticas que objetivam tornar mais iguais os desiguais.

7
Liberdade e autoridade

1 A igualdade como ideal supremo, ou até mesmo último, de uma comunidade ordenada, justa e feliz, e portanto, de um lado, como aspiração perene dos homens conviventes, e, de outro, como tema constante das teorias e ideologias políticas, está habitualmente acoplada ao ideal da liberdade, considerado, também ele, supremo ou último.

Ambos os termos têm um significado emotivo muito forte, mesmo quando usados, como acontece em geral, com um significado descritivo impreciso, como no famoso trinômio *"Liberté, Egalité, Fraternité"* (no qual, porém, o mais impreciso é o terceiro termo). Já se disse que a popular injunção "todos os homens devem ser iguais" tem um significado puramente sugestivo, tanto que qualquer problema referente à igualdade não pode ser corretamente apresentado se não se responde a três questões: "Entre quem? em relação a quê? com qual critério?". Do mesmo modo, a injunção "todos os homens devem ser livres" tem um significado puramente emocional se não se responde à questão: "Todos, exatamente todos?", e se não se oferece uma justificativa para as exceções, como as crianças, os loucos ou mesmo os escravos por natureza, na concepção de Aristóteles. Em segundo lugar, se não se estabelece bem o que se entende por "liberdade", pois uma coisa é a liberdade de querer, à qual se refere a disputa sobre o livre-arbítrio, outra, é a liberdade de agir, na qual está particularmente interessada a filosofia política, que dela distingue diversos sentidos, tais como a liberdade negativa, a liberdade de agir propriamente dita e a liberdade como autonomia ou obediência às leis que cada um prescreve a si mesmo.

2 Além do mais, somente a resposta a todas estas questões permite que se compreenda por que existem situações em que a liberdade (mas qual liberdade?) e a igualdade (mas qual igualdade?) são compatíveis e complementares na projeção da boa sociedade, e outras situações em que são incompatíveis e se excluem reciprocamente, e outras ainda em que é possível e recomendável uma equilibrada combinação de uma com a outra. A história recente nos ofereceu o dramático testemunho de um sistema social em que o objetivo da igualdade não só formal, mas sob muitos aspectos também substancial, foi alcançado (mas apenas em parte e de modo muito inferior às promessas) em detrimento da liberdade em todos os seus significados (exceção feita, talvez, apenas à liberdade diante da necessidade). Ao mesmo tempo, continuamos a ter sempre presente sob os olhos a sociedade em que vivemos, na qual são exaltadas todas as liberdades, e com particular relevo a liberdade econômica, sem que nos preocupem, ou só nos preocupem marginalmente, as desigualdades delas derivadas e presentes em nosso próprio mundo e, com visibilidade ainda maior, nos mundos mais distantes.

Mas não precisamos recorrer a este grande contraste histórico que dividiu os seguidores das duas ideologias dominantes há mais de um século, liberalismo e socialismo, para nos darmos conta de que nenhum dos dois ideais pode ser realizado em suas extremas consequências sem que limite as possibilidades de realização do outro. O exemplo mais evidente é o contraste entre o ideal da liberdade e o ideal da ordem.

Não se pode deixar de reconhecer que a ordem é um bem comum a todas as sociedades, tanto que o termo contrário "desordem" tem uma conotação negativa semelhante à de "opressão", contrário de "liberdade", e de "desigualdade", contrário de "igualdade". Mas a experiência histórica e a experiência cotidiana nos ensinam que "ordem" e "liberdade" são dois bens em contraste entre si, tanto que uma boa convivência somente pode ser fundada sobre um compromisso entre um e outro, de modo a evitar o limite extremo ou do Estado totalitário ou da anarquia.

Repito que não precisamos retomar a grande contradição histórica atual entre comunismo e capitalismo, pois são infinitas as possibilidades de serem apresentados exemplos de casos diminutos ou mínimos de medidas igualitárias que limitam a liberdade e, vice-versa, de medidas libertárias que aumentam a desigualdade.

Uma norma igualitária que impusesse a todos os cidadãos a utilização unicamente dos meios de transporte públicos para facilitar o tráfego ofenderia a liberdade de escolher o meio de transporte preferido. A escola secundária única, tal como instituída na Itália para todos os jovens após os estudos primários, veio ao encontro da exigência de se igualar os pontos de partida, mas limitou a liberdade antes existente, ao menos para alguns, de escolher entre vários tipos de escola. Ainda mais limitativa da liberdade de escolha seria uma maior realização da exigência igualitária (à qual uma esquerda coerente não deveria renunciar) de que todos os jovens, provenham eles da família que for, sejam levados nos primeiros anos de vida a exercer um trabalho manual ao lado do trabalho intelectual. Um regime igualitário que impusesse a todos os cidadãos a utilização de roupas idênticas impediria que cada um escolhesse as indumentárias preferidas. Em geral, qualquer extensão da esfera pública por razões igualitárias, na medida em que precisa ser imposta, restringe a liberdade de escolha na esfera privada, que é intrinsecamente inigualitária, pois a liberdade privada dos ricos é muito mais ampla do que a liberdade privada dos pobres. A perda de liberdade golpeia naturalmente mais o rico do que o pobre, para quem a liberdade de escolher o meio de transporte, o tipo de escola, o modo de se vestir, está habitualmente impedida, não por uma imposição pública, mas pela situação econômica interna à esfera privada.

É verdade que a igualdade acaba por limitar a liberdade tanto do rico quanto do pobre, mas com a seguinte diferença: o rico perde uma liberdade usufruída efetivamente, o pobre perde uma liberdade potencial. Os exemplos poderiam ser multiplicados. Cada um pode constatar em sua própria casa que a maior igualdade, que, mais pela mudança dos costumes do que pela vigência de normas constritivas, vem-se verificando entre os cônjuges no que se refere à educação dos filhos, fez que o marido passasse a assumir obrigações (embora ainda apenas morais) que restringem sua antiga liberdade, ao menos no interior da família.

O mesmo princípio fundamental daquela forma de igualitarismo mínimo própria da doutrina liberal, segundo a qual todos os homens têm direito à idêntica liberdade, salvo exceções a serem justificadas, implica que cada um limite a própria liberdade para torná-la compatível com a liberdade de todos os outros, de modo a não impedir que os outros também usufruam da sua mesma liberdade. O estado de liberdade selvagem, que poderia ser definido como aquele em que uma pessoa é tão mais livre quanto maior é o seu poder – o estado de natureza descrito por Hobbes e racionalizado por Spinoza –, é um estado de guerra permanente entre todos pela sobrevivência, do qual só se pode sair com a supressão da liberdade natural ou, como propõe a doutrina liberal, com a sua regulação.

3 Além do mais, deve-se estabelecer bem o sentido da expressão "idêntica liberdade", que costuma ser usada como se fosse clara, mas que é genérica e ambígua. Genérica, porque, como foi várias vezes observado, não existe a liberdade em geral, mas apenas liberdades singulares, de opinião, de imprensa, de iniciativa econômica, de reunião, de associação, e é sempre necessário, conforme as situações, especificar a qual delas se deseja referir; ambígua, porque ter uma liberdade igual à de todos os outros significa não apenas ter todas as liberdades singu-

lares possuídas pelos demais, mas também ter a mesma possibilidade de usufruir cada uma destas liberdades singulares. De fato, uma coisa é usufruir em abstrato todas as liberdades usufruídas pelos demais, outra coisa é usufruir cada liberdade de modo igual a todos os demais. Deve-se levar bem em conta esta diferença, pois a doutrina liberal afirma a primeira em nível de princípio, mas a prática liberal não pode assegurar a segunda a não ser intervindo com medidas igualitárias limitadoras e, portanto, corrigindo o princípio geral.

Com isto, não pretendo afirmar que uma medida igualitária seja sempre limitadora da liberdade. A extensão do sufrágio masculino às mulheres não limitou a liberdade de voto dos homens. Pode ter limitado seu poder, pelo fato de que a sustentação de um determinado governo passou a não depender mais apenas deles, mas o direito de votar não foi restringido. Do mesmo modo, o reconhecimento dos direitos pessoais também aos imigrados não limita os direitos pessoais dos cidadãos. Para obter a forma de igualdade nos casos precedentemente expostos, faz-se necessária uma norma que imponha uma obrigação e, como tal, restrinja a liberdade. Em outros casos, basta uma norma atribuidora de direitos a quem não os possui.

Deve-se, por fim, fazer uma observação elementar, que normalmente não é feita: os conceitos de liberdade e de igualdade não são simétricos. Enquanto a liberdade é um *status* da pessoa, a igualdade indica uma relação entre dois ou mais entes. Prova disso é que "*x* é livre" é uma proposição dotada de sentido, ao passo que "*x* é igual" não significa nada. Donde o efeito irresistivelmente cômico da célebre expressão orwelliana: "Todos são iguais, mas alguns são mais iguais do que outros". Ao mesmo tempo, não suscita nenhuma hilariedade, aliás é perfeitamente compreensível, a afirmação de que todos são livres, mas alguns são mais livres do que outros. Assim, tem sentido afirmar com Hegel que existe um tipo de regime, o despotismo, em que apenas um é livre e todos os outros são servos, ao passo que não teria sentido dizer que existe uma sociedade em que apenas um é igual. O que explica, além do mais, por que a liberdade pode ser considerada um bem individual, diversamente da igualdade que é sempre apenas um bem social, e também por que a igualdade na liberdade não exclui que sejam desejáveis outras formas de igualdade, como as da oportunidade e da renda, que, ao requererem outras formas de igualamento, podem entrar em conflito com a igualdade na liberdade.

4 Estas sumárias considerações sobre os valores supremos da igualdade e da liberdade e sobre as relações entre eles são um passo ulterior que considero necessário para esclarecer a proposta de definir esquerda e direita com base no critério da igualdade e da desigualdade.[1] Ao lado

---

1 Gostaria de recordar aqui, entre as várias tentativas de redefinir a esquerda, aquela, sensata e útil, de Peter Glotz, "Vorrei una sinistra col muso più duro", in *L'Unità*, 30 de novembro de 1992. Referindo-se a seu livro *Die Linke nach dem Sieg des Westens* (Stuttgart: Deutsche Verlag, 1992), escreve: "Defini a esquerda como a força que persegue a limitação da lógica de mercado, ou, mais prudentemente, a busca de uma racionalidade compatível com a economia de mercado; a sensibilidade para com a questão social, isto é, o apoio ao Estado Social e a certas instituições democráticas; a transposição do tempo em novos direitos de liberdade; a igualdade de fato das mulheres; a tutela da vida e da natureza; a luta contra o nacionalismo." Elias Diaz ("Derechas y izquierdas", in *El Sol*, Madri, 26 de abril de 1991) considera como sinal de identidade da esquerda "uma maior predisposição às políticas econômicas redistributivas e de nivelamento proporcional, baseadas mais no trabalho do que no capital; uma maior consideração da organização voltada para o que é público e comum mais do que para o que é privado e individual; prevalência dos valores da cooperação e da colaboração sobre os valores do confronto e da concorrência; maior atenção para com os novos movimentos sociais e as suas reivindicações pacifistas, ecológicas, feministas; preocupação com a efetiva realização dos direitos do homem, sobretudo no que se refere aos grupos marginalizados, à terceira idade, à infância etc.; insistência na prioridade para todos do atendimento às necessidades fundamentais, tais como a da boa saúde, da escola, da habitação; maior sensibilidade e amizade internacional para com as áreas pobres, dependentes e deprimidas; autonomia da livre vontade e do debate racional tanto para tomar decisões políticas majoritárias e democráticas

Direita e esquerda

da díade igualdade-desigualdade, sobre a qual até agora me detive e da qual nascem doutrinas e movimentos igualitários e inigualitários, deve-se colocar outra díade não menos importante historicamente: liberdade-autoridade. Desta derivam doutrinas e movimentos libertários e autoritários. No que diz respeito à definição de esquerda e direita, a distinção entre as duas díades adquire particular relevância, pois um dos modos mais comuns de caracterizar a direita em relação à esquerda é contrapondo a direita libertária à esquerda igualitária. Não tenho qualquer dificuldade em admitir a existência de doutrinas e movimentos mais igualitários e de doutrinas e movimentos mais libertários, mas teria alguma dificuldade em admitir que esta distinção serve para distinguir a direita da esquerda. Existiram e ainda existem doutrinas e movimentos libertários tanto

---

quanto para construir éticas críticas e modificações, não impostas com argumentos de autoridade ou com dogmas de organizações religiosas dotadas de um caráter carismático e/ou tradicional".

Gostaria também de chamar a atenção para o artigo de Giorgio Ruffolo, "Il fischio di Algarotti e la sinistra congelata", in *MicroMega*, n.1, p.119-45, 1992. Ruffolo observa com justeza que o partido da esquerda, tendo abandonado a mensagem messiânica, escorregou num pragmatismo político sem princípios. A esquerda está congelada, mas não está morta, desde que ainda seja capaz de reconhecer os motivos ideais, sempre atuais, dos quais nasceu. Num artigo posterior, Ruffolo esclarece que o conceito de igualdade não pode ser restringido às condições econômicas, mas deve ser estendido a outros bens, como o acesso à cultura. Pede uma esquerda que nos torne "um pouco menos desiguais e um pouco mais felizes" ("Sinistra è bello", in *L'Unità*, 24 de outubro de 1994).

Por fim, Claus Offe parte da queda do sistema soviético para denunciar um "acentuado deslocamento do espectro político para a direita". Na medida em que o fim do socialismo, por muitos suposto, poderia derivar de uma ausência de ofertas e correspondentemente de demandas, Offe conclui considerando que precisamente a importância dos desafios diante dos quais se encontra a Europa "fará que no futuro os ânimos políticos ainda se dividam em esquerda e direita" (do resumo de sua intervenção no seminário "Marxismo e liberalismo alla soglia del Terzo Millennio", que se realizou no Goethe Institut de Turim, em novembro de 1992, publicado em *L'Unità*, 19 de novembro de 1992, com o título "Dopo l'89 sinistra tra miseria e speranza").

à direita quanto à esquerda. O maior ou menor apreço atribuído ao ideal da liberdade, que encontra sua realização, como se disse, nos princípios e nas regras que estão na base dos governos democráticos, daqueles governos que reconhecem e protegem os direitos pessoais, civis, políticos, permite, no âmbito da esquerda e da direita, a distinção entre a ala moderada e a ala extremista, já ilustrada no capítulo 2. Tanto os movimentos revolucionários quanto os movimentos contrarrevolucionários, mesmo não tendo em comum um projeto global de transformação radical da sociedade, têm em comum a convicção de que em última instância, precisamente pela radicalidade do projeto de transformação, este não pode ser realizado senão pela instauração de regimes autoritários.[2]

Se me for concedido que o critério para distinguir a direita da esquerda é a diferente apreciação da ideia da igualdade, e que o critério para distinguir a ala moderada da ala extremista, tanto na direita quanto na esquerda, é a diferente postura diante da liberdade, pode-se então repartir esquematicamente o espectro em que se colocam doutrinas e movimentos políticos nas quatro seguintes partes:

a) na extrema-esquerda estão os movimentos simultaneamente igualitários e autoritários, dos quais o jacobinismo é o exemplo histórico mais importante, a ponto de se

---

2 No texto da primeira edição deste livro escrevi que o critério da liberdade "serve para distinguir o universo político não tanto com respeito aos fins quanto com respeito aos meios, ou ao método, a serem empregados para o alcance dos fins". Referia-me em particular "à aceitação ou à rejeição do método democrático" (p.80). E. Severino observou ("A liberdade é um fim. A igualdade não", in *Corriere della Sera*, 9 de junho de 1944) que "o meio está inevitavelmente subordinado ao fim. Se o fim é a igualdade, a liberdade, como meio, está subordinada à igualdade. Os meios, em geral, são desgastáveis e substituíveis. E não é tão fácil mostrar que a liberdade não é um meio desgastável e substituível". A observação é pertinente. A diferença entre libertários e autoritários está na diversa apreciação [*apprezzamento*] do método democrático, fundada por sua vez sobre a diversa apreciação da liberdade como valor.

ter tornado uma abstrata categoria aplicável, e efetivamente aplicada, a períodos e situações históricas diversas;

b) no centro-esquerda, doutrinas e movimentos simultaneamente igualitários e libertários, para os quais podemos empregar hoje a expressão "socialismo liberal", nela compreendendo todos os partidos social-democratas, em que pesem suas diferentes práxis políticas;

c) no centro-direita, doutrinas e movimentos simultaneamente libertários e inigualitários, entre os quais se inserem os partidos conservadores, que se distinguem das direitas reacionárias por sua fidelidade ao método democrático, mas que, com respeito ao ideal da igualdade, se prendem à igualdade diante da lei, que implica unicamente o dever por parte do juiz de aplicar imparcialmente as leis, e à igual liberdade, que caracteriza aquilo que chamei de igualitarismo mínimo;

d) na extrema-direita, doutrinas e movimentos antiliberais e anti-igualitários, dos quais creio ser supérfluo indicar exemplos históricos bem conhecidos como o fascismo e o nazismo.

Obviamente, a realidade é bem mais matizada do que este esquema, construído mediante apenas dois critérios. Em minha opinião, porém, estes são dois critérios fundamentais que, combinados, servem para estabelecer um quadro que preserva a contestada distinção entre direita e esquerda, e ao mesmo tempo responde à bem mais difícil objeção de que são considerados de direita e de esquerda doutrinas e movimentos não homogêneos como, à esquerda, comunismo e socialismo democrático, e, à direita, fascismo e conservadorismo. Tal quadro explica, ainda, por que tais movimentos, embora não sendo homogêneos, podem estar, em situações excepcionais de crise, potencialmente aliados.

8
A estrela polar

1 Uma política igualitária caracteriza-se pela tendência a remover os obstáculos (para retomar uma expressão contida no já mencionado Artigo 3 da Constituição Italiana)[1] que tornam os homens e as mulheres menos iguais. Uma das mais convincentes provas históricas da tese até aqui defendida, segundo a qual o igualitarismo é a característica distintiva da esquerda, pode ser deduzida do fato de que um dos temas principais, senão o principal, da esquerda histórica, comum tanto aos comunistas quanto aos socialistas, é a remoção daquilo que se considerou, não só no século passado mas desde a antiguidade, um dos maiores, senão o maior, obstáculo à igualdade entre os homens: a propriedade individual, o "terrível direito".[2] Certa ou

---

1 É a seguinte a íntegra deste artigo: "Todos os cidadãos têm paridade social e são iguais perante a lei, sem discriminação de sexo, raça, língua, religião, opiniões políticas, condições pessoais e sociais. Cabe à República remover os obstáculos de ordem social e econômica que, limitando de fato a liberdade e a igualdade dos cidadãos, impedem o pleno desenvolvimento da pessoa humana e a efetiva participação de todos os trabalhadores na organização política, econômica e social do país". (N. T.).

2 Esta expressão encontra-se no célebre livro de Cesare Beccaria, *Dei delitti e delle pene*, no parágrafo dedicado ao delito do furto (o vigésimo-segundo), definido como "o delito cometido por aquela infeliz parcela dos homens a quem o direito de propriedade (terrível,

equivocada que seja esta tese, é evidente que em geral as descrições utópicas de sociedades ideais, que partem de uma aspiração igualitária, descrevem e simultaneamente prescrevem uma sociedade coletivista; que Jean-Jacques Rousseau, quando se interroga sobre a origem da desigualdade entre os homens, irrompe na famosa invectiva contra o primeiro homem que, circundando seu poder, declarou "isto é meu!"; que de Rousseau retira inspiração o movimento que deu vida à Conspiração dos Iguais, inexoravelmente contrária a qualquer forma de propriedade individual; que todas as sociedades de iguais que se formaram no século passado, nas quais a própria esquerda muitas vezes se reconheceu, consideraram a propriedade individual como uma iníqua instituição a ser abatida; que são igualitários e coletivistas todos os partidos que nascem da matriz marxista; que uma das primeiras medidas da revolução triunfante no mundo dos czares foi a abolição da propriedade individual da terra e das empresas; que as duas obras principais de história e de crítica do socialismo – *Les systèmes socialistes*, de Vilfredo Pareto, e *Socialism*, de Ludwig von Mises – são, a primeira, uma resenha crítica, a segunda, uma análise e uma crítica econômica das várias formas de coletivismo. A luta pela abolição da propriedade individual, pela coletivização, ainda que não integral, dos meios de produção, sempre foi, para a esquerda, uma luta pela igualdade, pela remoção do principal obstáculo para a realização de uma sociedade de iguais. Até mesmo a política de nacionalizações, que por um longo período de tempo caracterizou a política econômica dos partidos socialistas, foi conduzida em nome de um ideal igualitário, não tanto no sentido positivo de aumentar a igualdade, mas no sentido negativo de diminuir uma fonte de desigualdade.

---

e talvez não necessário direito) nada mais deixou a não ser uma nua existência". *Il terribile diritto* é também o título de um livro de S. Rodotà (Bologna: Il Mulino, 1990). [Uma tradução brasileira de *Dos delitos e das penas*, de Beccaria, foi publicada na Coleção Universidade de Bolso, da Ediouro-Editora Tecnoprint. (N. T.)]

O fato de que a distinção entre ricos e pobres, introduzida e perpetuada pela persistência do direito tido como inalienável à propriedade individual, seja considerada a principal causa da desigualdade, não exclui o reconhecimento de outras razões de discriminação, como a discriminação entre homens e mulheres, trabalho manual e trabalho intelectual, povos superiores e povos inferiores.

2 Não tenho dificuldade em admitir quais e quantos foram os efeitos perversos que derivaram dos modos pelos quais se tentou realizar o ideal. Ocorreu-me, não há muito tempo, de falar, a este propósito, de "utopia invertida" [*utopia capovolta*],[3] após ter constatado que uma grandiosa utopia igualitária, a comunista, acalentada por séculos, traduziu-se em seu contrário na primeira tentativa histórica de realizá-la. Nenhuma das cidades ideais descritas pelos filósofos foi proposta como modelo a ser colocado em prática. Platão sabia que a república ideal, da qual havia falado com seus amigos e discípulos, não estava destinada a existir em algum lugar, mas apenas era verdadeira, como Glauco diz a Sócrates, "em nossos discursos". No entanto, na primeira vez em que uma utopia igualitária entrou na história, passando do reino dos "discursos" para o reino das coisas, acabou por se transformar em seu contrário.

---

3 Em um artigo, intitulado precisamente "L'utopia capovolta", publicado em *La Stampa*, de 9 de junho de 1989, agora incluído no livreto *L'utopia capovolta*, da coleção "Terza pagina" de *La Stampa*, Torino, p.127-30, 1990. É singular a consonância com o que escreve Thomas Nagel: "O comunismo faliu na Europa... Neste momento histórico valerá a pena recordar que o comunismo deve em parte sua existência a um ideal de igualdade que conserva todo o seu fascínio a despeito dos enormes delitos e desastres econômicos que em seu nome foram produzidos. As sociedades democráticas não encontraram uma maneira de trabalhar para a realização deste ideal: e isto constitui um problema para a velha democracia do Ocidente". T. Nagel, *I paradossi dell'uguaglianza*, op. cit., p.14. Esta afirmação apoia-se na seguinte constatação: "Os problemas que geraram o choque entre capitalismo democrático e comunismo autoritário não foram certamente resolvidos com a falência total deste último, nem no mundo avançado, nem no mundo em geral" (ibidem).

Apesar disto – eu então acrescentava –, o grande problema da desigualdade entre os homens e os povos deste mundo permaneceu em toda sua gravidade e insuportabilidade. E por que não dizer, também, em toda sua ameaçadora periculosidade para aqueles que se consideram satisfeitos? Mais ainda: na ampliada consciência que a cada dia vamos adquirindo das condições do Terceiro e do Quarto Mundo, daquele que Latouche chamou de "o planeta dos náufragos", as dimensões do problema alargaram-se desmesurada e dramaticamente. O comunismo histórico faliu. Mas o desafio por ele lançado permaneceu. Se, para nos consolarmos, passamos a dizer que nesta parte do mundo, na Europa ocidental, demos vida à sociedade dos dois terços, não podemos fechar os olhos para a maior parte dos países onde a sociedade dos dois terços (ou mesmo dos quatro quintos ou dos nove décimos) não é a da abundância, mas a da miséria.

Diante desta realidade, a distinção entre direita e esquerda, para a qual o ideal da igualdade sempre foi a estrela polar a ser contemplada e seguida, é claríssima. Se desviarmos os olhos da questão social no interior dos Estados singulares – da qual nasceu a esquerda no século passado – para a questão social internacional, constatamos que a esquerda não só não completou seu caminho como, a rigor, mal o começou.[4]

3 Para concluir, seja-me permitido acrescentar à tese aqui defendida um testemunho pessoal. Sempre me considerei um homem de esquerda, portanto sempre atribuí ao termo "esquerda" uma conotação positiva, mesmo

---

4 E não é diferente se o problema da tarefa universalista da esquerda é colocado do ponto de vista do contraste inclusão-exclusão. A esquerda é tendencialmente inclusiva, a direita tendencialmente exclusiva. Para este ponto de vista, cf. G. Zincone, "L'estensione della cittadinanza", in *Le idee della sinistra*, Roma: Editori Riuniti, 1993, p.75-84; idem, "La sindrome americana e la sinistra europea", in *MicroMega*, n.3, p.156-68, 1993.

agora em que a esquerda é cada vez mais hostilizada, e ao termo "direita", uma conotação negativa, mesmo hoje em que a direita está sendo amplamente revalorizada. A razão fundamental pela qual em algumas épocas da minha vida tive algum interesse pela política ou, com outras palavras, senti, senão o dever, palavra ambiciosa demais, ao menos a exigência de me ocupar da política e algumas vezes, embora bem raramente, de desenvolver atividade política, sempre foi o desconforto diante do espetáculo das enormes desigualdades, tão desproporcionais quanto injustificadas, entre ricos e pobres, entre quem está em cima e quem está embaixo na escala social, entre quem tem poder, vale dizer, capacidade de determinar o comportamento dos outros, seja na esfera econômica, seja na esfera política e ideológica, e quem não o tem. Desigualdades particularmente visíveis e – fortalecendo-se pouco a pouco a consciência moral com o passar dos anos e o trágico evolver dos acontecimentos – conscientemente vividas por quem, como eu, nascera e fora educado em uma família burguesa, na qual as diferenças de classe eram ainda muito marcantes. Estas diferenças eram particularmente evidentes durante as longas férias no campo, quando nós, vindos da cidade, brincávamos com os filhos dos camponeses. Para dizer a verdade, entre nós havia um perfeito entendimento afetivo e as diferenças de classe eram absolutamente irrelevantes, mas não nos escapava o contraste entre nossas casas e as deles, nossos alimentos e os deles, nossas roupas e as deles (no verão, andavam descalços). Todo ano, retornando ao campo nas férias, ficávamos sabendo que um dos nossos companheiros de brincadeiras morrera durante o inverno de tuberculose. Não me recordo, porém, de uma única morte por doença entre os meus colegas de escola na cidade.

Aqueles eram também os anos do fascismo, cuja revista política oficial, fundada pelo próprio Mussolini, intitulava-se *Gerarchia*. Populista, mas não popular, o fascismo havia arregimentado o país, sufocando toda forma de livre luta política: um povo de cidadãos, que já haviam conquistado o direito de participar de eleições livres, fora reduzido à condição de multidão aclamadora, um conjunto de súditos iguais, é verdade, no idêntico uniforme mas também iguais (e contentes?) na servidão comum. Com a aprovação imprevista e improvisada das leis raciais, nossa geração encontrou-se, nos anos da maturidade, diante do escândalo de uma discriminação infame que, em mim, como em outros, deixou uma marca indelével. Foi então que a miragem de uma sociedade igualitária estimulou a conversão ao comunismo de muitos jovens moralmente sérios e intelectualmente capazes. Sei bem que hoje, a tantos anos de distância, o juízo sobre o fascismo deve ser dado com o distanciamento do historiador. Aqui, porém, não falo como historiador, mas unicamente para dar um depoimento pessoal sobre minha educação política, na qual tiveram tanta importância, por reação ao regime, os ideais não só da liberdade, mas também da igualdade e da fraternidade, os "redundantes blagues", como eram então desdenhosamente chamados, da Revolução Francesa.[5]

4 Como afirmei desde o início, suspendo todo juízo de valor. Meu objetivo não foi tomar posição, mas dar conta de um debate que continua bem vivo, não obstante os lúgubres e recorrentes dobres fúnebres. De resto, se a igualdade pode ser interpretada negativamente como nivelamento, a desigualdade pode ser interpretada positivamente como reconhecimento da irredutível singularidade de cada indivíduo.[6] Não há ideal que não seja impelido por uma

---

5 Um testemunho atual da aversão sempre recorrente ao ideal igualitário pode ser lido na revista de direita *L'Italia Settimanale*, de 23 de dezembro de 1992. O principal argumento do artigo de R. Gervaso ("Abasso l'uguaglianza", p.36-7) é justamente aquele a que me referi antes, que consiste em apreender mais o que divide do que o que une os homens: "Agrade ou não agrade, nenhum homem é igual a outro homem e, o que é pior, ou melhor, dependendo dos pontos de vista, é que ninguém deseja sê-lo."

6 Não me surpreende que um escritor liberal escreva, com plena convicção e certo de não suscitar escândalo, que o liberalismo é contra

grande paixão. A razão, ou melhor, o raciocínio que produz argumentos pró e contra para justificar as escolhas de cada um diante dos demais, e acima de tudo diante de si mesmo, vem depois. É por isso que os grandes ideais resistem ao tempo e à mudança das circunstâncias e são, a despeito dos bons ofícios da razão conciliadora, irredutíveis um ao outro.

Irredutíveis, mas não absolutos, ao menos assim deveriam ser considerados pelo bom democrata (e mais uma vez seja-me permitido retornar à diferença entre o extremista e o moderado). Jamais pretendi erigir minhas preferências pessoais, às quais considero não poder renunciar, à condição de critério geral do certo e do errado. Jamais esqueci uma das últimas lições de um dos mestres da minha geração, Luigi Einaudi, que num brilhante ensaio, que sempre tive como guia, "Discurso elementar sobre as semelhanças e dessemelhanças entre liberalismo e socialismo", após ter delineado com admirável fineza os traços essenciais do homem liberal e do homem socialista (e não seria necessário sublinhar de que parte ele estava), escrevia que "as duas correntes são ambas respeitáveis" e "os dois homens, ainda que se hostilizando, não são inimigos; pois ambos respeitam a opinião alheia e sabem que existe um limite para a aplicação do próprio princípio". E concluía: "O ótimo não se alcança na paz forçada

---

a igualdade e é, ao contrário, tolerante para com a disparidade de rendas e riqueza. Os liberais, esclarece, jamais consideraram a desigualdade de riqueza um mal em si, um mal social intolerável, pois a consideram efeito colateral de uma economia produtiva. S. Holmes, "Il liberalismo è utopismo", in *MicroMega*, n.I, p.41, 1994, com estas palavras, Holmes nos faz entender, melhor do que com uma longa dissertação, que existe ao menos um ponto de vista segundo o qual as desigualdades são não apenas inelimináveis, como também vantajosas, sendo portanto vãs as tentativas de eliminá-las. Porém, em contraposição, há também quem (Matthew Arnold) escreveu: "Um sistema fundado na desigualdade é contrário à natureza e com o passar do tempo estará arruinado". Citado por R. H. Tawney, *Equality* (1938), trad. it. in idem, *Opere*, organizado por F. Ferrarotti, Torino: Utet, 1975, p.539-41.

da tirania totalitária; constrói-se na luta contínua entre os dois ideais, nenhum dos quais pode ser subjugado sem danos comuns".[7]

O impulso em direção a uma igualdade cada vez maior entre os homens é, como Tocqueville havia observado no século passado, irresistível. Cada superação desta ou daquela discriminação, com base na qual os homens dividiram-se em superiores e inferiores, em dominadores e dominados, em ricos e pobres, em senhores e escravos, representa uma etapa, por certo não necessária, mas possível, do processo de civilização. Jamais como em nossa época foram postas em discussão as três fontes principais de desigualdade: a classe, a raça e o sexo. A gradual equiparação das mulheres aos homens, primeiro na pequena sociedade familiar, depois na maior sociedade civil e política, é um dos sinais mais seguros do irrefreável caminho do gênero humano rumo à igualdade.[8]

E o que dizer da nova atitude em relação aos animais? Debates sempre mais frequentes e amplos, referentes à

---

7 L. Einaudi, *Prediche inutili*, Dispensa quarta, Torino: Einaudi, 1957, p.218, 237, 241.

8 Dois testemunhos recentes: "A grande oposição entre um proletariado dotado de consciência de classe, portanto sujeito da história, e um subproletariado que nada podia fazer a não ser revoltas camponesas... nos faz sorrir, pois, de um lado, não sabemos onde está exatamente o proletariado... mas sabemos que um enorme subproletariado mundial de todo o Terceiro Mundo está batendo às portas da história e que, agrade-nos ou não, está se tornando sujeito, consciente ou não, de um grande impulso biológico". U. Eco, "L'algoritmo della storia", in *L'Unità*, 22 de setembro de 1992. "Estar à esquerda significa estar na parte subterrânea de Metropolis. Há algo em mim que reconhece a injustiça social, os desequilíbrios entre o Norte e o Sul do mundo. O que está acontecendo na Somália, na Iugoslávia, na Amazônia, é um problema meu. Estar à esquerda me diz que este não é um problema local. Não é um problema de boa administração. É um problema global, ecológico, de salvação do planeta inteiro. E para enfrentá-lo há necessidade de uma liderança na esquerda capaz de atitudes deste gênero". E. Bencivenga, "Sto con gli altri", in *L'Unità*, 16 de novembro de 1992.

liceidade da caça, aos limites da vivissecção, à proteção de espécies animais tornadas cada vez mais raras, ao vegetarianismo, o que representam senão os primeiros sintomas de uma possível extensão do princípio de igualdade para além mesmo dos limites do gênero humano, uma extensão fundada sobre a consciência de que os animais são iguais aos homens pelo menos na capacidade de sofrer?

Para que se possa apreender o sentido deste grandioso movimento histórico, deve-se desviar a cabeça das escaramuças cotidianas e olhar mais para cima e mais longe.[9]

---

9 Sustento estas ideias há tempos. Não está dito que seja esta a última vez, se a vida permitir. Os velhos se repetem. Para a curiosidade do leitor, trago dois testemunhos de minha pertinácia, não obstante as reiteradas rejeições. São de dois escritores, provenientes de partes diversas, mas ambos convictos adversários da díade. Em um artigo paradoxalmente intitulado "La sinistra è a sinistra?" (in *A sinistra. Laboratorio per l'alternativa sociale e politica*, v.1, fevereiro de 1991), Costanzo Preve compara a perturbação causada nos homens de esquerda pela derrocada do comunismo com o personagem kafkaniano que se percebe transformado em um imundo inseto. Nega qualquer valor à díade e sustenta que as dicotomias sobre as quais insisto há tempo não são em nada utilizáveis. Em uma entrevista publicada em *Nuova Antologia*, n.126, fascículo 2177, janeiro-março de 1991 ("L'idea democratica dopo i sommovimenti dell'Est"), Gianni Baget Bozzo, perguntado pelo entrevistador, G. Torlontano, sobre o que significaria esquerda após a queda do Muro de Berlim, responde que "não significa mais nada"; e depois de ter acrescentado: "percebi que os comunistas se agarraram às palavras de Bobbio como a uma tábua de salvação", continua: "creio que 'esquerda' é uma palavra ambígua e tem, no máximo, o significado não de uma cultura, mas de uma convergência política. Se Bobbio e Dahrendorf, que não podem ser considerados de esquerda, fossem adotados como teóricos da esquerda, seria um outro modo de dizer que a esquerda deixou teoricamente de existir". Baget Bozzo conclui que "direita" e "esquerda" podem ser adotadas, na melhor das hipóteses, para indicar "deslocamentos táticos, sintonizados com as circunstâncias, como esquerda democrata-cristã, esquerda liberal etc." (p.7).

Apêndices

1
Fukuyama, o motor
e o fim da história[1]

Antes de nos perguntarmos se a esquerda italiana tem um projeto político ou deve tentar construí-lo, deveríamos nos convencer de que a esquerda existe, ou melhor, de que a palavra "esquerda" ainda tem um sentido. A esse respeito não se compreende mais nada. Passamos do "nem esquerda nem direita" para o "além da direita e da esquerda".[2] É como dizer que a distinção jamais existiu ou

---

1 Artigo escrito para a revista italiana *Reset*, a convite de seu diretor, Giancarlo Bosetti, para integrar um conjunto de textos dedicados a examinar criticamente as teses expostas por Francis Fukuyama em *The End of History and the Last Man*, London: Hamish Hamilton, 1992. [Trad. bras. *O fim da história e o último homem*, Rio de Janeiro: Rocco, 1999.]

2 Refiro-me a Anthony Giddens, *Oltre la destra e la sinistra*, Bologna: Il Mulino, 1997, p.309. Ed orig. *Beyond Left and Right. The Future of Radical Politics*, Cambridge: Polity Press, 1994. (Trad. bras.: *Para além da esquerda e da direita*, São Paulo: Editora UNESP, 1996). Giddens se ocupa de meu livro em *The Third Way. The Reenewal of Social Democracy*, Cambridge: Polity Press, 1997, p.37-41 (Trad. bras.: *A terceira via. Reflexões sobre o impasse político atual e o futuro da social-democracia*, trad. Maria Luiza de A. Borges, Rio de Janeiro: Record, 1999.). O autor volta ao tema em "Oltre la destra e la sinistra: le nuove vie del radicalismo político", in Ciampi & Santambrogio, *Destra/sinistra. Storia e fenomenologia di uma dicotomia política*, op. cit., p.27-44. Ver também Maurice A. Finocchiaro, *Beyond Right and Left. Democratic Elitism in Mosca and Gramsci*. New Haven-London:

que, se alguma vez existiu, hoje não existe mais. Décadas atrás, com a queda dos regimes fascistas, considerados de direita, o espaço da esquerda ficou tão dilatado que nos alegrava (ou nos amargurava, conforme o caso) imaginar que então apenas a esquerda existia. Hoje se diria, com uma frase de efeito, que a esquerda era o "fim da história". Depois do colapso do sistema comunista, visto como a realização histórica mais sintonizada com o fim pregado pelos ideais de esquerda, há quem se destaque sustentando que aquilo que desapareceu definitivamente foi a esquerda, e que o "fim da história" pode ser muito bem representado como o triunfo definitivo dos ideais até agora geralmente considerados característicos da direita.

Se desejarmos sair desses contrastes absolutizados, que podem ser levados em consideração numa discussão de filosofia da história mas não em um debate político como deveria ser o nosso, precisamos partir da convicção de que a distinção clássica entre direita e esquerda ainda tem razão de existir, e faz sentido voltar a propô-la. Parece difícil sustentar o contrário; não obstante as velhas e novas rejeições, continuamos a usar as palavras "direita" e "esquerda" na linguagem política corrente, como se ainda significassem alguma coisa. E é evidente que, se continuamos a nos entender quando as usamos, é porque possuem algum significado. Acrescento apenas uma prova: tornou-se lugar-comum afirmar – com tristeza ou alegria, segundo quem afirma – que a esquerda passou a praticar a política da direita. Tal afirmação não teria nenhum sentido se "direita" e "esquerda" tivessem se transformado em palavras vãs e vazias.

Como escrevi em *Direita e esquerda*, e como pude repetir desde então não sei quantas vezes em intervenções públicas, em cartas e conversas privadas, o que caracteriza a esquerda perante a direita é o ideal, a inspiração ou a paixão que costumamos chamar de *"ethos* da igualdade".

Yale University Press, 1999, p.XI-302 (cujas p.217-21 são dedicadas à análise e à crítica do meu livro).

Não inventei essa caracterização. Em meu ensaio, limitei-me a registrar uma já longa tradição de pensamento, analisando e anotando diversos escritos anteriores ao meu. Não tenho nenhum motivo para mudar de ideia depois disso, e da minha parte continuei a anotar e a analisar outros escritos que defendem ou promovem ideias de esquerda. Limito-me a citar, já que se trata de um dos autores que participam deste dossiê, a declaração feita pelo filósofo Michael Walzer ao final de uma entrevista, publicada no último número da revista *Reset*: depois de observar que existe "uma tendência constante das sociedades a produzir hierarquias e desigualdades", Walzer afirma que "este é o desafio da esquerda". E esclarece: "A esquerda foi feita para isto, sua tarefa é a de combater e periodicamente corrigir as novas formas de desigualdade e de autoritarismo continuamente produzidas pela sociedade".[3]

Para permanecer neste terreno, a mais recente e eficaz confirmação do princípio igualitário como sinal distintivo da esquerda com respeito à direita é a entrevista que Giancarlo Bosetti, diretor desta revista, realizou recentemente com Francis Fukuyama, o afortunado reinventor – na esteira de seu mestre Alexandre Kojève[4] – do mito (pode-se falar assim?) do "fim da história",[5] já comentada no mesmo jornal por Nadia Urbinati, com argumentos que retomo e desenvolvo em seguida.

O tema dominante na entrevista está claramente expresso na convicção de que o colapso do comunismo deve ser interpretado como um sinal definitivo do erro catastrófico cometido pelos movimentos de esquerda, principalmente pelo comunismo internacional, de considerar que a igualação dos homens por meio da eliminação da

---

3 M. Walzer, "Il doppio dissenso di Dissident", in *Reset*, n.43, dezembro de 1997, p.36.

4 A. Kojève, *Introduction to the Reading of Hegel* (1947), Basic Books, 1969. Trad. it. *Introduzione alla lettura di Hegel*, Milano: Adelphi, 1996.

5 Cf. *L'Unità*, 4 de dezembro de 1997.

propriedade privada, condenada como causa principal da desigualdade entre os homens, fosse a meta da história humana e o sinal infalível do progresso histórico. Para o profeta da nova história, ao contrário, a causa principal do progresso seria a desigualdade, não apenas porque é funcional ao mercado capitalista, mas também porque é em si mesma "justa". Não pretendo discutir agora essa tese, que exigiria espaço bem maior. A ela espero retornar proximamente. Citei-a aqui unicamente como uma inesperada confirmação do critério que adotei para distinguir as duas partes do universo político: "esquerda" significa luta pela igualdade. Seja-me permitido também manifestar minha satisfação por ter indicado em Rousseau e em Nietzsche os dois modelos ideais, respectivamente, do princípio igualitário e do princípio inigualitário. O autor a que Fukuyama se refere, e ao qual não pode deixar de se referir, é precisamente o poeta de *Zaratustra*, que sempre repeliu, como seu antagonista, o autor do *Contrato social*, para quem o problema político fundamental era a eliminação da desigualdade entre os homens, produzida inevitavelmente pela propriedade individual.

Foi inevitável que a tese de Fukuyama, exposta com riqueza de argumentos e obstinada insistência num livro amplamente discutido,[6] suscitasse perplexidade e reflexões em alguns escritores de esquerda já em crise. A novidade da crítica está no fato de que, em relação à esquerda tradicional, aquela tese não põe em questão apenas os meios até agora perseguidos para o alcance do fim – principalmente a redução gradual da propriedade individual até sua total eliminação –, mas também o próprio fim. E faz isso por meio de dois argumentos (aos quais os defensores da parte adversária parecem ter dificuldade de responder de modo convincente), um de filosofia da história, outro antropológico, se não mesmo ontológico: 1) a história

---

6 F. Fukuyama, *The End of History and the Last Man*, op. cit. Trad. it. *La fine della storia e l'ultimo uomo*, trad. D. Ceni, Milano: Rizzoli, 1992.

Direita e esquerda

não progride por intermédio de um processo de igualação dos desiguais, mas, ao contrário, por intermédio da luta individual ou coletiva pela supremacia; 2) a aspiração dos homens, interpretada em termos realistas e não utópicos, não é a igualdade, mas a superioridade, por intermédio da concorrência e da vitória sobre o inimigo.

Se fosse verdade que devem ser postos em questão não apenas os meios mas também o fim, a catástrofe da esquerda seria muito mais grave do que acreditamos até então: teriam falido os meios para o alcance de um fim que, por si mesmo, já não seria desejável. Até agora, os críticos do comunismo sustentaram que a propriedade coletiva não era o meio adequado para se atingir a meta de uma sociedade mais justa, e mais justa porque mais igualitária, afirmando que a própria meta perseguida pelo igualitarismo seria indesejável e, portanto, equivocada.

Nesse ponto, caso se deseje dar um passo adiante na defesa da esquerda e na formulação de um novo projeto para sua restauração, será preciso ir além da costumeira discussão a respeito de saber se a coletivização, integral ou apenas parcial, é recomendada para que se possa implementar maior justiça no mundo. Trata-se de se propor uma demanda ulterior e bem mais essencial: "Mas é mesmo a justiça o 'fim' da história? Como pode ser o fim – objeta Fukuyama – se não é também o final?". O fim e, portanto, também o final da história seria então uma sociedade oposta à sociedade pregada e desejada pela esquerda.

Os dois argumentos adotados por Fukuyama são ambos unilaterais e, enquanto tais, simplistas, como geralmente são as teses extraídas não da história mas da filosofia da história, que no caso do nosso autor tem como pontos de referência, para repetir o que já se disse, Hegel interpretado por Kojève ou Nietzsche interpretado como o demônio, o gênio inspirador de uma sociedade guiada por homens superiores.

A história é mais complicada, mais complexa, mais ambígua e contraditória do que as filosofias da história tentam nos fazer crer. Para o historiador, que baixa os olhos em direção às asperezas da terra em vez de elevá-los em direção a um céu sem nuvens, a história não tem um fim, um único fim, nem mesmo, em conseqüência, um final.[7] O filósofo da história pode se permitir atuar como profeta, o historiador deve limitar-se a fazer prudentes previsões com base em proposições hipotéticas "se-então".

Com respeito ao primeiro ponto, é mesmo verdade que a história apenas progride por intermédio da luta pela supremacia? Uma afirmação desse gênero só pode ser feita caso se negue a transformação profunda e irreversível ocorrida no mundo mais avançado por meio da revolução feminina. E o que dizer do problema, hoje mais atual do que nunca, da superação de toda forma retrógrada e mortífera de nacionalismo obscurantista e racismo insensato? O que move a aspiração, hoje cada vez mais forte no mundo, em favor de um direito cosmopolita, em favor da cidadania universal de todos os homens, numa sociedade em que não existam nem judeus nem gentios, nem brancos nem negros – uma aspiração tornada irresistível e irreversível pelas sempre mais imponentes migrações de populações pobres em direção a países ricos nos últimos decênios –, senão o crescente, e sempre mais visível, sofrimento diante das desiguais condições de vida, que separam o "clube dos ricos" (Chomsky) do "planeta dos náufragos" (Latouche)?

No que diz respeito ao segundo ponto, é mesmo verdade que todos os homens, e em todas as situações nas quais venham a se encontrar, aspiram não à igualdade mas à supremacia? Em que consiste o misterioso mas insuprimível "senso de justiça", que eu, se quisesse endossar as vestes de filósofo da história, deveria dizer que domina o mundo? Aquele senso de justiça que faz com que cada

---

7 Ao longo deste texto, Bobbio faz uso de um jogo com a palavra *fine* que, em italiano, significa tanto "meta, propósito, objetivo" (substantivo masculino) quanto "fim, final, conclusão" (substantivo feminino). Para tentar manter tal jogo mas facilitar a compreensão do argumento, optamos por traduzir a palavra italiana, em uma ou outra passagem, por "fim" e "final". (N. T.)

Direita e esquerda

um, ao longo da própria vida, pergunte a si mesmo: "Por que a ele e não a mim?". Não reconhecer essa realidade elementar de todos os dias significa também não ter a mínima consideração por tudo aquilo que, à base dessa constatação, foi escrito sobre o tema da justiça e das suas várias formas, dos gregos aos dias de hoje. Segundo o princípio da justiça comutativa, não é justo que aquilo que se dá seja igual àquilo que se recebe? Segundo a justiça corretiva, não é justo que o castigo seja proporcional ao delito (olho por olho, dente por dente)? Segundo o critério da justiça distributiva, não é justo que quem deve dividir um bem entre muitas pessoas adote um critério para que essa divisão seja equânime?; que os critérios podem ser os mais diversos – o mérito, a necessidade, a capacidade, a condição social – mas que, uma vez estabelecido um critério, este deve ser respeitado por todos para que se possa dizer que a distribuição foi justa? A justiça não exige que um professor dê uma nota igual a todos os seus alunos. Exige que, uma vez adotado o critério do mérito, ele seja aplicado a todos, e não que seja aplicado a uns o critério da necessidade e a outros o da condição social.

Na mesma entrevista, Fukuyama observa com acerto que "a sociedade que trata gente diversa de modo igual é tão justa quanto uma sociedade que trata desigualmente gente igual". Com esta afirmação, nada mais faz do que retomar a assim chamada regra áurea da justiça, segundo a qual a justiça consiste em tratar os iguais de modo igual e, consequentemente, os desiguais de modo desigual. Esse, porém, é um princípio puramente formal e, como tal, é em si mesmo evidente, mas vazio. Aquilo que de modo algum é evidente – e precisamente porque não é evidente recebe respostas diversas segundo as ideologias e as concepções do mundo, ou, num plano mais baixo, segundo os diversos pontos de vista pessoais – é a resposta à questão: "Quem são os iguais? Quem são os desiguais?". Não será o caso de perguntar, neste ponto, se a misteriosa e sempre contestada distinção entre direita e esquerda não derivaria da diferente resposta que se dá a essa questão?

Como escrevi em *Direita e esquerda*, que obteve grande sucesso de público mas não foi muito discutido pela crítica, o fundamento da diferença entre pessoas de direita e pessoas de esquerda está no fato de que umas tendem a considerar os homens mais iguais do que desiguais, ao passo que outras, vice-versa, tendem a considerar os homens mais desiguais do que iguais. Diferença natural ou cultural, ontológica ou histórica? Não sei e não me interessa saber. Faço apenas uma constatação empírica e nada mais.

Afirmar que o motor da história não é a luta pela igualdade mas a luta pela superioridade é uma proposição, como disse, unilateral. Na história humana concreta, não numa abstrata filosofia da história, as lutas pela superioridade alternam-se com as lutas pela igualdade. E é natural que ocorra essa alternância, já que a luta pela superioridade pressupõe dois indivíduos ou grupos que tenham alcançado entre si uma certa igualdade. A luta pela igualdade normalmente precede a luta pela superioridade. Numa competição atlética, os vários concorrentes que lutam pela superioridade são alinhados todos no mesmo ponto de partida, mas a esse ponto de partida cada um chegou por meio de uma luta pela igualdade, ou seja, para passar de uma categoria inferior a uma categoria superior. Mudar de grau em qualquer carreira militar ou administrativa é uma luta pela supremacia ou pela igualdade? É uma luta pela supremacia no momento em que se deixa o grau inferior, mas uma luta pela igualdade quando se alcança o grau superior. Antes de chegar a ponto de lutar pela dominação, todo grupo social deve conquistar um certo nível de paridade com os grupos rivais. Para lutar com o patrão pela superioridade, o escravo deve antes lutar para se tornar cidadão. Sinteticamente: a própria luta pela superioridade cria, quando é vitoriosa, uma relação de desigualdade que não pode não suscitar, por sua vez, uma nova luta pela igualdade.

Insisto nessa visão mais articulada e ao mesmo tempo mais dramática da história porque, se de fato a mola do progresso fosse unicamente a luta pela superioridade e não também a luta pela igualdade, a estrela polar da esquerda

Direita e esquerda

já teria sido completamente obscurecida. Há um certo estímulo a esse processo por parte da tendência que muitos movimentos e partidos de esquerda no mundo, e também na Itália, como podemos constatar a cada dia, têm de se deixarem fascinar, por razões históricas facilmente compreensíveis, pelas ideias que a própria esquerda sempre considerou de direita. Retomando a máxima corriqueira segundo a qual a diferença entre direita e esquerda está desaparecendo porque a esquerda faz hoje aquilo que a direita sempre fez – e muitos citam, ainda que de modo equivocado (mas esse seria um longo discurso), os exemplos do Partido Democrático da Esquerda na Itália e do atual governo trabalhista inglês –, perguntamo-nos: "É mesmo verdade que a esquerda faz aquilo que faz a direita pelo fato de que, chegados todos ao 'fim da história', a meta que os movimentos de esquerda sempre se propuseram não só se demonstrou inalcançável como também prejudicial para o progresso humano?".

Estou cada vez mais convencido, e creio ter conseguido me fazer entender, que isso não é verdade e que, na corrida desenfreada e incontrolada rumo a uma sociedade globalizada de mercado, destinada a criar sempre novas desigualdades, os ideais da esquerda estão mais vivos do que nunca.

Quanto ao que se denomina de reformismo de esquerda, oposto ao reformismo de direita, há um evidente problema de fundo. Um problema em torno do qual a nossa esquerda deveria reunir economistas, sociólogos, historiadores, especialistas em questões financeiras e – por que não? – filósofos: o problema do mercado e de seus limites, de seus vícios e virtudes, de seus benefícios e malefícios, de seu passado, de seu presente e sobretudo de seu futuro.

Para tanto, será preciso que a esquerda, recuperando a confiança em si mesma e o orgulho pelo próprio passado, que parece ter perdido, não se curve sobre si mesma nem passe a se dedicar, como escreveu recentemente Michele Serra, repetido por Gad Lerner, ao "culto do umbigo".

2
Uma discussão
com Perry Anderson [1]

O sentido da esquerda

Perry Anderson

Direita e esquerda representa um significativo momento na longa e prestigiosa carreira de Norberto Bobbio como filósofo político. Publicado em plena campanha eleitoral para a renovação do parlamento nacional italiano em 1994, o livro é um de seus escritos mais atuais e pessoais, e não é difícil compreender as razões do sucesso de público que obteve na Itália. Os elogios recebidos por sua clareza, por sua elegância e pela paixão da exposição são inteiramente

---

1 O artigo de Perry Anderson aqui reproduzido foi publicado em *New Left Review*, n.231, setembro-outubro de 1998, com o título "A Sense of the Left", p.73-81. No mesmo número, saiu a resposta que lhe enviei. "At the Beginning of History", p.82-90, por sua vez seguida de "A Reply to Norberto Bobbio", do mesmo Anderson, p.91-3. Esta última intervenção de Anderson não é aqui reproduzida por não ter sido inicialmente destinada pelo autor à publicação. O artigo de Anderson e a minha resposta também foram publicados, por iniciativa de Giancarlo Bosetti, em *Reset*, respectivamente, o primeiro com o título "Destra e sinistra, il caso non è chiuso" (1997, n.44, p.10-6), e a segunda com o título "'Mestieri' e passioni di destra e sinistra" (1998, n.47, p.17-20).

justificados. O texto, porém, é mais complexo e menos definitivo em suas conclusões do que poderia parecer à primeira vista. Examinemos antes de tudo suas teses.

O papel do centro

O ponto de partida de Bobbio é a crescente frequência com que as noções de "Direita" e "Esquerda" têm sido rejeitadas nas discussões políticas. Isso aconteceria, observa o autor, a despeito de continuarem a ser utilizadas, até mesmo com maior ênfase, nas competições eleitorais. Bobbio se pergunta: por que a tradicional oposição entre Direita e Esquerda é tão repudiada hoje em dia? Em linhas gerais, explica ele, podemos distinguir hoje três modos de contestar a dicotomia. O primeiro consiste em relativizar a díade insistindo na presença de um "Terceiro Incluído", mais precisamente de um Centro moderado situado entre a Direita e a Esquerda, ocupando a maior parte do espaço efetivo no interior dos sistemas políticos democráticos. O segundo modo de rejeitar a oposição é o de se fixar na perspectiva de um "Terceiro Inclusivo", que integra e supera as heranças tanto da Direita quanto da Esquerda numa síntese que se colocaria para além de ambas. Por fim, o último modo apoia-se na emergência de um "Terceiro Transversal", que penetraria os campos da Direita e da Esquerda e os esvaziaria de qualquer relevância: é o papel, observa Bobbio, frequentemente atribuído à política dos Verdes. A resposta do autor a cada uma dessas posições é um firme *fin de non recevoir*. A existência de um Centro, ainda quando dominante, não altera os termos do contraste entre polaridades de Direita e de Esquerda em cada um dos lados do próprio Centro. O conceito de uma síntese que esteja além da Direita e da Esquerda oculta de fato a ambição de um dos polos em absorver ou neutralizar o outro. Por fim, os movimentos de opinião que se estendem tanto em direção à Direita quanto em direção à Esquerda, como os Verdes, tendem na verdade a se redividir em novas versões dos dois polos. Nem as afinidades que se podem encontrar entre os movimentos autoritários de Direita e de Esquerda nem o fato de que indivíduos singulares oscilem entre um e outro campo – observa ainda Bobbio – afetam a distinção política em si. Estaríamos bem mais diante de fenômenos relativos a um outro gênero de oposição: a que separa os extremistas dos moderados com base na postura assumida diante da democracia – um contraste fundamental, mas que é ortogonal à polaridade Direita/Esquerda e não a cancela. Antes disso, em situações de crise, tende a se curvar perante ela, como ocorreu na Itália durante os anos 20 ou durante os anos 40 do século XX.

Se nenhuma das razões adotadas para pôr em dúvida a validade da dicotomia Direita/Esquerda é válida, como se explica então que ela possa ser, hoje, refutada como conceito? As verdadeiras bases da atual opinião dominante estão em outro lugar, sugere Bobbio. A distinção entre Direita e Esquerda perde sentido se um dos dois polos da díade deixa de existir. Sem afirmar diretamente, Bobbio sugere que, historicamente, isso jamais aconteceu. Verificaram-se, porém, situações em que um dos polos sofreu uma derrota tão grave que a tendência prevalecente entre seus remanescentes consistiu em sustentar o esvaziamento de significado da distinção em si mesma, adotando uma estratégia consolatória para cancelar ou minimizar a própria debilidade. Foi o caso, por exemplo, da direita italiana no imediato pós-guerra, quando a derrocada do fascismo levou a que se pensasse que a Esquerda teria triunfado em termos definitivos. Hoje a balança pende para o lado oposto. Depois do colapso do comunismo, tem sido sobretudo à esquerda – ou entre os intelectuais que anteriormente eram considerados de esquerda – que se pode observar a tentação de negar a distinção. O verdadeiro motivo do novo ceticismo consiste, ainda uma vez, numa reação de autodefesa, que compensa uma experiência de derrota com uma retórica de recalque.

Uma vez liquidadas as motivações subjetivas que levam a que se descarte a dicotomia entre Direita e Esquerda, e uma vez identificadas as razões objetivas da tendência a negar sua validade, resta a Bobbio explicar como é que tal oposição, enquanto moldura política racional, conserva ainda hoje toda sua força. Depois de ter examinado um bom número de tentativas insatisfatórias – como a codificação de Direita e Esquerda enquanto "tradição contra emancipação", "sagrado contra profano" etc. –, Bobbio propõe finalmente sua própria definição. Para ele, a divisão entre Direita e Esquerda expressa uma diferença de atitude diante da igualdade. Já que os seres humanos são, claramente – isto é, segundo diferentes aspectos –, tão iguais quanto desiguais, "de um lado estão aqueles que consideram que os homens são mais iguais que desiguais, de outro os que consideram que são mais desiguais que iguais".[2] Esse é o eterno contraste subjacente à distinção entre Direita e Esquerda. Ele é complementado por um outro. A Esquerda acredita que a maior parte das desigualdades é social e, enquanto tal, eliminável; a Direita, que a maior parte delas é natural e portanto ineliminável. Para a primeira, a igualdade é um ideal, para a segunda, não.

Por outro lado, prossegue Bobbio, a liberdade não é uma linha divisória tão válida. Por ser incomparável com a igualdade – na medida em que é uma condição do indivíduo, mais do que uma relação entre várias pessoas –, a liberdade é antes de tudo o valor que separa os moderados dos extremistas no interior de cada um dos campos. Na oposição entre Direita e Esquerda, ela desempenha um papel mais de meio do que de fim. É significativo o fato de que Bobbio não faça concessões a sentimentalismos retóricos. A liberdade não pode ser comparada com a igualdade, e não há razão para que se pense que as duas coisas sejam sempre compatíveis. Se alguns aspectos da igualdade não influem na liberdade, outros – restrições necessárias

---

2 Ver, no presente volume, supra, p.121.

Direita e esquerda

da livre escolha, como no caso da instrução pública universal –, ao contrário, influenciam. E é essencialmente em torno desse gênero de questões que se dá a batalha entre Direita e Esquerda. Já ao final do livro, Bobbio faz uma confissão pessoal. A igualdade sempre foi a "estrela polar" de sua vida política. As desigualdades deste mundo – dos pobres e marginalizados nas ricas sociedades ocidentais aos gigantescos bolsões de miséria de massa nos países mais pobres – continuam a ser espantosas. Se desviarmos os olhos, escreve ele, "para a questão social internacional, constatamos que a Esquerda não só não completou o próprio caminho como, a rigor, mal o começou".[3] A tarefa é imensa. Mas a aspiração a uma sempre maior igualdade entre os homens, da qual a gradual libertação da mulher é um dos sinais mais seguros, mostra-se, como observara Tocqueville na metade do século XIX, verdadeiramente "irresistível". Bobbio conclui seu ensaio convidando-nos a olhar "mais para cima e mais longe", indo além das contingentes escaramuças cotidianas, de modo a "apreender o sentido deste grandioso movimento histórico".[4]

Critérios de demarcação

Trata-se de uma conclusão poderosa, diante da qual poucos podem ficar indiferentes. Ela exige aquele mesmo respeito intelectual que Bobbio sempre praticou: uma séria e desapaixonada análise crítica. *Direita e esquerda* impõe duas ordens de reflexão. A primeira diz respeito à lógica interna dos argumentos de Bobbio, a segunda concerne ao contexto externo. Consideremos antes de tudo a primeira. A afirmação central de Bobbio é que a distinção entre Direita e Esquerda está viva e operante, já que se baseia em duas visões fundamentalmente diversas da igualdade, que fazem com que os dois termos fiquem em contraste

---

3 Ver, no presente volume, supra, p.140.
4 Ver, no presente volume, supra, p.145.

permanente. Ao expor tais diferenças, todavia, ele tende a encadear uma série de proposições que, de um ponto de vista lógico, são independentes umas das outras. Distinguimos quatro dessas proposições, que podemos esquematizar como sendo as questões da a) factualidade; b) modificabilidade; c) funcionalidade; e d) direcionalidade da desigualdade humana. Na definição proposta por Bobbio, a Esquerda sustenta a opinião de que a desigualdade natural entre os seres humanos é menor que a sua igualdade; que a maior parte das formas de desigualdade é socialmente modificável; que bem poucas dessas formas (admitindo-se que existam) têm uma função positiva; que, enfim, em número sempre maior, elas terminarão por se demonstrar historicamente efêmeras. Por outro lado, a Direita é impelida pela convicção de a desigualdade natural dos seres humanos ser superior a sua igualdade; que bem poucas formas de desigualdade são modificáveis; que a maior parte delas tem uma função social; que em sua evolução não há qualquer direcionalidade.

Na realidade, os dois blocos de pensamento aqui apresentados podem ser dissociados. Desde logo, o primeiro elemento de cada um deles suscita uma interrogação. Já que os modos em que os seres humanos são semelhantes e dessemelhantes entre si diferem tão profundamente – Bobbio ilustra tal diferença com o exemplo da mortalidade, comum a todos, e do modo de morrer, diverso para cada pessoa –, como é possível agregá-los num único cálculo comum, para com isso alcançar um balanço final? A solução de Bobbio consiste, com efeito, em introduzir um esclarecimento: deverão ser computados apenas aqueles aspectos da natureza humana que permitem às pessoas viver juntas – "para alcançar uma boa convivência". Um conservador poderia replicar que isso significa introduzir um *petitio principi* no cálculo, desde o início. Propomos passar ao largo dessa dificuldade para observar, porém, a existência de uma outra maior. Não existe uma relação de necessidade entre a primeira e a segunda proposições de cada bloco. É perfeitamente possível acreditar que os seres humanos são por natureza mais iguais do que desiguais e ao mesmo tempo considerar que a maior parte das formas de desigualdade é ineliminável – assim como é possível acreditar que os seres humanos são por natureza mais desiguais do que iguais e ao mesmo tempo considerar que muitas das desigualdades sociais podem e devem ser eliminadas.

Não se trata de paradoxos formais. Depois de tudo, existe uma considerável literatura que enfrenta precisamente os problemas aqui apresentados. Ainda que examinando apenas a segunda alternativa, existe um debate cultural em contínuo desenvolvimento no que diz respeito à possibilidade de que os programas do igualitarismo social tenham, em última instância, uma contrafinalidade: graças à eliminação das formas artificiais de desigualdade, ou seja, aquelas fundadas no poder e na cultura, seria finalmente possível exaltar e cristalizar, de modo bem mais dramático do que jamais se imaginou, os aspectos naturais da desigualdade, instaurando assim uma ordem hierárquica baseada no código genético. Trata-se de um cenário já evocado nos anos 1970 por Michael Young em seu *Rise of the Meritocracy*, obra de um social-democrata moderado. Em tempos mais recentes, perspectivas semelhantes podem ser encontradas em textos de autores liberais ou neoconservadores americanos – Mickey Kaus ou Charles Murray. Todos esses autores – que juntos recobrem o espectro da Direita à Esquerda – têm em comum o mesmo pressentimento: uma vez canceladas as divisões de classes, a posição ocupada por cada um seria determinada pelas respectivas qualidades biológicas, essencialmente pelos diversos graus de inteligência inata. Tal situação levaria a formas novas e mais rígidas de estratificação, nas quais certas estratégias endogâmicas de seleção matrimonial, baseadas agora num aprofundado conhecimento genético capaz de possibilitar que se escolham os DNA, mais compatíveis, acabariam por perpetuar uma elite hereditária fundada na inteligência.

Não é a validade ou a ausência de validade dessas teorias que nos deve preocupar aqui. Elas, no entanto, apoiam-se num elemento que a argumentação de Bobbio deixa de considerar. De fato, ele escreve como se as teorias sobre a natureza humana – e, portanto, sobre a igualdade e a desigualdade – fossem fundamentalmente uma questão de escolha política, para além da qual não haveria possibilidade de apelação. Em vez disso, na verdade, tais teorias estão submetidas a demonstrações científicas que, nos últimos anos, têm-se mostrado sempre mais numerosas, num ritmo constante de crescimento. Porém – o autor poderia rebater – até agora foram bem poucas as descobertas verdadeiramente conclusivas em relação a isso. A perspectiva de um avanço futuro nessa direção lança, contudo, uma sombra sobre sua classificação. Hoje mesmo, no interior do esquema proposto por Bobbio, não se vê porque as diferenças de opinião sobre a desigualdade social ou natural deveriam ser verdadeiramente extensivas. Teoricamente, podemos imaginar que a natural variação, entre os seres humanos, do prevalecimento estimado da desigualdade sobre a igualdade, ou vice-versa, seja insignificante demais para gerar diferenças políticas sistemáticas; na verdade, seria possível registrar certas transações no elenco das peculiaridades de cada polo (de fato, não há qualquer razão para que cada lado continue a valorizar cada um de seus elementos apenas enquanto é a inversão das avaliações do outro lado). Fundar a distinção entre Direita e Esquerda num juízo ontológico referente ao prevalecimento da igualdade ou da desigualdade entre os homens significaria, em outras palavras, fundá-la numa base bastante frágil, que os futuros desenvolvimentos do conhecimento científico poderiam aniquilar com facilidade, impondo uma inevitável convergência para um ponto de partida empírico comum.

Diversos usos da desigualdade

O que dizer então do terceiro elemento integrante do esquema de Bobbio? Ainda que o autor lhe dedique menos atenção, forneceria ele uma linha divisória mais estável? Em princípio, todas as partes em causa poderiam concordar quanto ao equilíbrio efetivo entre igualdade e desigualdade naturais e quanto à modificabilidade ou não das desigualdades sociais; mesmo assim, poderiam dividir-se diante da questão de saber se as desigualdades sociais devem ser consideradas funcionais ou disfuncionais para uma sociedade próspera. Nesse caso, entrariam em jogo questões de valoração normativa, que não poderiam ser remetidas a uma arbitragem científica. Bobbio provavelmente esperava poder se dedicar a essas problemáticas. De fato, na sua caracterização de Direita e Esquerda, ele apenas resvala nesse terceiro elemento, observando quase de passagem que as desigualdades costumam ser frequentemente vistas não apenas como inevitáveis mas até mesmo como positivas pela Direita, sem prolongar-se em considerações sobre o ponto de vista oposto, o da Esquerda, tratando-o como se fosse evidente por si só.

De qualquer modo, parecemos estar aqui num terreno mais sólido para diferenciar a Direita da Esquerda. Apesar disso, deparamos com uma dificuldade. É mesmo verdade que a Esquerda, tal como se apresenta de fato na Europa dos dias de hoje, nega qualquer funcionalidade às desigualdades sociais? Basta observar o tributo universal que se paga ao mercado, e as estruturas propostas para incentivá-lo, para perceber que não é bem assim. Em muitos países, os efetivos índices de desigualdade social aumentaram, de fato e notoriamente, durante as administrações de Esquerda, ao menos tanto quanto – e às vezes mais – durante as administrações de Direita. Esta tem sido a prática dos últimos decênios. Como é evidente, a teoria da desigualdade produtiva foi desenvolvida sobretudo pela Direita, em particular na poderosa obra de Hayek. A Esquerda, em grande parte, a readaptou e a redesenhou, introduzindo corretivos mas não necessariamente verdadeiras objeções [*caveats*]. Talvez seja significativo o fato de que Bobbio jamais se empenhou diretamente num confronto com Hayek. Em vez disso, fez referências positivas a Rawls – o filósofo da Esquerda moderada que teorizou a justiça como "equidade", admitindo as desigualdades apenas na medida em que servissem para melhorar a situação daqueles que estão em piores condições. O formalismo do Princípio da Diferença, porém, deixa essa medida absolutamente indeterminada – e, com isso, potencialmente acaba por justificar, na prática, toda desigualdade no atual sistema capitalista com base na sua produtividade sem precedentes na história, que beneficiaria até o mais pobre dos cidadãos. Não surpreende, assim, que o próprio Hayek tenha podido declarar abertamente que concordava com Rawls no fundamental, por ocasião da primeira edição de *A Theory of Justice*.

O terceiro elemento do esquema de Bobbio, portanto, também se mostra mais precário do que parece. O autor está consciente da dificuldade – de que, na prática, as políticas econômicas da Esquerda e da Direita no Ocidente parecem exibir diferenças sempre mais irrelevantes. Ele procura resolver a questão liquidando os "compromissos" práticos que a Esquerda pode ser obrigada a aceitar, vendo-os como irrelevantes diante dos "ideais" que continua a sustentar, e que são o único verdadeiro tema que Bobbio pretende tratar em seu ensaio. Mas as duas coisas não podem ser separadas com tanta facilidade. O próprio Bobbio, depois de tudo, apela para um fato empírico – que nunca como hoje os partidos políticos foram catalogados com tanta insistência e petulância em termos de Direita e Esquerda – para dar maior peso à afirmação de que as distinções ideais ainda são válidas. Mas há um elemento da campanha eleitoral de 1994 que nos golpeia ainda mais do que este. As diferenças programáticas entre os principais partidos jamais haviam sido tão reduzidas – uma consequência óbvia da conversão do ex-Partido Comunista a doutrinas mais ou menos neoliberais, fato simbolizado pela peregrinação de seu líder, durante a campanha eleitoral, em busca do devido *placet* da City de Londres. Em 1996, a convergência programática dos dois blocos foi levada ainda mais longe, a ponto de cada lado ter acusado pu-

Direita e esquerda

blicamente o outro de lhe ter copiado a plataforma. São fatos que contrastam com os tipos ideais de Bobbio, e que ele não tem, coerentemente, como isolar.

Bobbio poderia responder que, se tal convergência ocorreu nas nações mais ricas, o mesmo não aconteceu nos países mais pobres do mundo, onde mantém-se incólume – insiste ele – a tarefa precípua da Esquerda. Porém, mesmo ali – na América Latina, na África negra, no Sul da Ásia –, as doutrinas mais em voga falam de privatização e *deregulation,* de triunfo do mercado. Além disso, são defendidas tanto por pessoas e partidos políticos que anteriormente se proclamavam de Esquerda quanto pelas forças de Direita. O que nos diz esse fato com respeito à quarta proposição de Bobbio – a tendência direcional da desigualdade global? É interessante observar como existe uma assimetria em sua exposição. Quando ele enfrenta o último elemento do contraste entre Direita e Esquerda, faz referência apenas à Esquerda – que, em seu caminhar, deve ser encorajada por um mais vasto senso do movimento rumo a uma maior igualdade na história humana. Bobbio não nos diz que visão a Direita pode ter a respeito dessa perspectiva, mas podemos deduzir que se trata de algo que não o agrada. Um forte senso de direcionalidade, seja ele qual for, talvez deva ser considerado incompatível com o pensamento tradicional da Direita. Na verdade, porém, temos diante de nós o exemplo recente de uma doutrina da Direita moderada inspirada por uma forte direcionalidade e que se relaciona diretamente com as teses de Bobbio. A já célebre teoria de Francis Fukuyama sustenta que a história mundial teria chegado a uma conclusão categórica, se bem que não cronológica, já que não há mais nenhuma alternativa viável ao capitalismo liberal, cujas estruturas de incentivo exigem, aproximadamente, aquele exato nível de desigualdade ora atingido nas nações mais avançadas, e cuja dinâmica começou hoje, visivelmente, a arrastar os países mais pobres pelo mesmo caminho, ou seja, rumo a uma prosperidade comum – necessariamente competitiva, necessariamente inigualitária.[5] Fukuyama poderia tranquilamente concordar com Bobbio na afirmação de que o movimento da história vai em direção a uma igualdade sempre mais ampla: é precisamente o que sustenta sua teoria (de estampa hegeliana) da luta pelo reconhecimento. Limitar-se-ia a observar que a um certo ponto o movimento teria de se interromper, e desde logo podemos intuir onde exatamente estacionará: nas sociedades em que vivemos, quem sabe com algumas reformas de importância secundária sobre as quais todos poderão estar de acordo. Não fica claro de que modo Bobbio, sem uma teoria histórica comparável, poderia responder. As últimas páginas de *Direita e esquerda* contêm uma solene proclamação moral. Mas será apenas um acaso que elas se equivoquem precisamente num ponto crucial? A tendência de longo prazo em direção a uma sempre maior igualdade entre os homens, repete o filósofo, é "irresistível". No mesmo parágrafo, porém, acrescenta que esse movimento rumo à civilização "não é necessário", mas apenas "possível".[6] Não é preciso enfatizar a contradição entre as duas proposições.

Desenvolvimentos futuros

A defesa teórica feita por Bobbio da distinção entre Esquerda e Direita, por toda a sua eloquência, pode, portanto, mostrar-se mais vulnerável do que parece. Se nos perguntamos o porquê disso, encontraremos certamente a resposta na dificuldade inerente à tentativa de construir uma axiologia de valores políticos sem uma referência coerente ao mundo social empírico. Bobbio frequentemente escreve como se pudesse separar sua taxonomia ideal da história contemporânea, o que é obviamente impossível. Na prática, ele faz uma seleção dos cenários políticos

---

5 F. Fukuyama, *The End of History and the Last Man*, Londres: Hamish Hamilton, 1992. [Trad. bras. cit.]

6 Ver, no presente volume, supra, p.144.

atuais, levando em conta apenas os que são úteis para os objetivos de sua argumentação, mas é precisamente no presente que encontramos as razões e os limites mais profundos da sua intervenção.

Bobbio passou os anos entre 1950 e 1980 contestando a tradição do marxismo italiano, primeiro em sua forma oficial e depois naquela heterodoxa. Desde o início mostrou-se um opositor – de integridade, coerência e coragem incomuns – do comunismo em seu país e no exterior, partindo daquilo que ele desejava que fosse um socialismo liberal. Bobbio, porém, não exultou com o colapso do comunismo no bloco soviético. Sua reação foi o oposto exato do triunfalismo. Ainda que saudando a reviravolta dos regimes do Pacto de Varsóvia como um grande momento na história da emancipação humana, o fim de uma utopia invertida, seu imediato temor foi de que o capitalismo ocidental ficasse então desvinculado de qualquer pressão externa que produzisse, em seu interior, reformas num sentido mais humano – pressão que até então estava representada pela ameaça soviética –, num mundo em que a maior parte da humanidade, excluídas as áreas privilegiadas do Ocidente, continuava a engrossar a fila dos "condenados da terra".

Seus pressentimentos logo adquiriram forma específica na Itália, quando um coro sempre mais poderoso proveniente da esquerda, ou da ex-esquerda, começou a declarar que a distinção entre Direita e Esquerda havia se tornado, daquele momento em diante, um anacronismo. Foi precisamente contra esse tipo de reação aos eventos de 1989-1991 que Bobbio se bateu. Melhor do que ninguém, ele veria suas origens psicológicas, como descreveu com persistente precisão em *Direita e esquerda*. Contra tal relaxamento da tensão política e moral, ele interveio com força e energia, reafirmando a permanência da identidade da Esquerda. Se esse fato, porém emprestou grande força à sua polêmica, também estabeleceu seus limites. Poderíamos dizer que o olhar de Bobbio continuou muito concentrado no Leste. Da Libertação em diante, ele confrontou uma esquerda dominada pelo mais poderoso Partido Comunista do mundo ocidental, o que exigiu e absorveu o melhor de suas energias intelectuais. Depois do desaparecimento do Partido da Ação e das esperanças de "socialismo liberal" que ele encarnava, Bobbio sempre se mostraria mais enérgico em criticar a esquerda comunista do que em propor alternativas a ela. Estava atraído pelo que via no trabalhismo inglês, que ele conhecera pessoalmente durante os anos de Attlee. Mas na Itália não havia nada equivalente a isso. Nos anos 1970, considerava-se mais ou menos um social-democrata num país em que a social-democracia não existia. Jamais, porém, daria a mesma atenção à predominante versão ocidental da Esquerda europeia do que à que prevalecia no Leste. A social-democracia permaneceria como um benigno e rarefeito pano de fundo, em vez de se concretizar num fenômeno institucional claramente visualizado por seus próprios méritos.

É provável que, inconscientemente, Bobbio tenha até mesmo evitado olhar sobre os próprios ombros, para ver o que estava tomando forma por detrás dele, na Grã-Bretanha de Wilson ou de Callaghan, na França de Mitterrand, na Espanha de Gonzalez. De qualquer modo, a remoção dessa experiência indica o limite da sua argumentação em *Direita e esquerda*. De fato, em 1994, os que contestavam a persistência da validade das categorias de Direita e Esquerda eram levados a fazer isso, naturalmente, não só pela queda do comunismo no Leste europeu mas também pelo deprimente eclipse da social-democracia no Ocidente. O fim do emprego estável, a redução da seguridade social, a universalidade das doutrinas neoliberais sobre o crescimento econômico põem em questão o tradicional contraste entre Direita e Esquerda de um modo muito mais doloroso e preciso do que o compêndio formal de Bobbio admite. É claro que os termos Direita e Esquerda são em si mesmos, como ele próprio reconhece, puramente relativos. Uma esquerda poderia sobreviver num sistema completamente capitalista – purgado, portanto, de qualquer resistência residual ao mercado – que estivesse à direita de tudo o que hoje está ao centro. Mais ainda: poderia ser verdade hoje mesmo, se compararmos, por exemplo, os resultados obtidos pelo recente governo trabalhista na Nova Zelândia com o dos moderados suecos.

Na prática, porém, é difícil dizer por quanto tempo o vocabulário de Direita e Esquerda persistiria em tais condições. A Europa, que inventou a díade, parece inclinada a pensar que ela se tornou universal. Mas não é assim. Nos Estados Unidos, onde há tempo vigora uma aproximação que se avizinha bastante de um sistema completamente capitalista, os termos Direita e Esquerda são moedas de circulação limitada na literatura acadêmica, mas não têm qualquer valor nos debates públicos e populares. Não se trata de uma debilidade da tradição cultural americana, mas de um cuidadoso reflexo da exígua diferença e da esporádica intercambialidade entre os dois partidos do país. Basta notar que as políticas internas – aqui compreendidas as propostas de reforma do sistema público de saúde – da administração democrática liderada por Clinton são bem mais conservadoras do que as da administração republicana dos tempos de Nixon. Não há qualquer espécie de linha de princípio separando os dois duopolistas. Uma situação bastante parecida – e talvez ainda mais pronunciada em termos potenciais – pode ser encontrada no Japão, com a liquidação do ex-Partido Social-democrático e a cisão interna do Partido Liberal Democrático. Não se pode classificar de modo inteligível o atual governo e a oposição de Tóquio – derivados do mesmo magma – como, respectivamente, Direita ou Esquerda. E na medida em que Estados Unidos e Japão formam conjuntamente a parte mais vasta e dinâmica do mundo capitalista avançado, é de perguntar se a Europa também não estaria se movendo na mesma direção.

Não desejamos, com isso, sustentar que os conceitos de Direita e Esquerda deveriam ser abandonados. O apaixonado apelo de Bobbio para que os preservemos conta com nossa absoluta simpatia. Mas não é fechando os olhos para o esvaziamento de seus conteúdos, por obra da tendência que hoje se afirma na política, que teremos como salvá-los. Uma defesa puramente axiológica da ideia de Esquerda, isolada de qualquer teoria histórica e de qualquer crítica às instituições em condições de abalar o *status quo*, não será suficiente para que se consiga a vitória. Bobbio pensava, tempos atrás, que o socialismo liberal poderia enfrentar e vencer tal desafio. Hoje ele reescreve a social-democracia como socialismo liberal, promovendo uma significativa redução em suas próprias expectativas. No entanto, ao mesmo tempo, descreve o socialismo liberal como uma figura típica daquele "Terceiro Inclusivo", que, ao tentar de modo enganoso escapar da dicotomia Direita e Esquerda, é estigmatizado pelo próprio Bobbio. A grande lição de seu livro, porém, é que a oposição entre Direita e Esquerda não goza de nenhuma garantia axiomática. Para sobreviver como força significativa em um mundo dominado em boa medida pela Direita, e dessa forma ser uma alternativa autêntica, a Esquerda terá de lutar com toda energia.

Perry Anderson
Florença, junho de 1996

Ao início da história

Norberto Bobbio

Caro professor Anderson:

Sou-lhe grato pela atenção com que leu e comentou meu pequeno livro, *Direita e esquerda*. Não posso disfarçar o prazer que esse gesto me causou, não obstante seu juízo ser, no conjunto, mais negativo do que positivo. Na Itália, ao sucesso imprevisível e incompreensível de vendas, não correspondeu um igualmente sério interesse por parte da crítica. O livro foi considerado um mero escritozinho de propaganda política, como de resto havia sido acolhido pela maior parte dos leitores, se é que não por mim mesmo. Peço-lhe desculpas por ter demorado tanto para responder. Num livro que recentemente publiquei, no qual recolhi algumas reflexões sobre a velhice,[1] sublinhei que o sinal mais evidente do envelhecimento é a progressiva lentidão dos movimentos do corpo e da mente. O velho tem menos tempo pela frente e o pouco que lhe sobra acaba por ser desperdiçado. Peguei as quinze páginas do seu texto e as girei e regirei entre os dedos não sei quantas vezes. Pude lê-las e relê-las quase até a ponto de conhecê-las de cor. Uma vez sublinhei uma frase, outra vez fiz o mesmo com outras: hoje o conjunto está quase todo assinalado, com exceção das primeiras páginas, onde é feito um resumo do livro.

Tive dificuldade e demorei a lhe responder porque, das objeções que o senhor me fez, cerca de uma quinzena, algumas não me pareceram muito claras, até porque se referem a livros que não conheço, o que me fez recear incorrer em algum mal-entendido no caso de uma resposta; outras, por sua vez, me pareceram tão consistentes que me deixaram sem saber bem como responder e com a sensação de ter cometido algum erro de fato ou de raciocínio. Sou o primeiro a reconhecer os defeitos daquele livro, que, apesar de não ter sido improvisado, está insuficientemente argumentado. Hoje, olho com algum distanciamento para ele. Por isto, perguntei-me várias vezes, depois de cada releitura do seu comentário – posto diante das diversas dificuldades que a resposta teria de enfrentar –, se valeria mesmo a pena responder-lhe. Mudei de opinião dia sim, dia não. Jamais fiquei muito seguro de mim mesmo. Agora, estou menos ainda.

Para tirar-me da incerteza e do peso dos prós e dos contras, veio a público a tradução italiana do seu artigo num número da revista *Reset*, com um título ao mesmo

---

1 Norberto Bobbio, *De senectute*, Turim: Einaudi, 1996. (Trad. bras. *O tempo da memória. De senectute e outros escritos autobiográficos*, trad. Daniela Versiani, Rio de Janeiro: Campus, 1997.)

tempo encorajador e embaraçoso: "Destra e sinistra. Il caso non è chiuso" ["Direita e esquerda. O caso não está encerrado"]. Na ocasião, o diretor da revista, Giancarlo Bosetti, que tomou a iniciativa de traduzir e publicar o texto, estava me convidando para responder ao desafio lançado por um então célebre autor, Francis Fukuyama, que havia anunciado, junto com o fim da história, o fim da esquerda.[2] Diante de tal profecia, tanto mais insolente quanto mais insensata, tive de me convencer de que o caso não estava mesmo encerrado.

Não era a primeira vez que o senhor se ocupava com perspicácia e competência de meus textos. No número de julho-agosto de 1988 da *New Left Review*, o senhor havia publicado um ensaio em que destacava e comentava "The Affinities of Norberto Bobbio".[3] A isso se seguiu uma troca de cartas entre nós, posteriormente publicadas na revista *Teoria política*.[4] Tenho a impressão, porém, de que neste nosso novo encontro as posições se inverteram. Antes, o senhor me contestava pelo que considerava ser uma contradição entre meu realismo político, atribuído à influência recebida de autores como Vilfredo Pareto e Gaetano Mosca, e meus ideais liberal-socialistas. Hoje, ao contrário, se entendi bem, o senhor me faz uma objeção oposta: o principal defeito da minha dissertação sobre direita e esquerda estaria na contradição entre a definição puramente ideológica, axiológica, quase metafísica,

---

2 O artigo de Bobbio em resposta ao convite de Bosetti está publicado no presente volume, Apêndice I, supra, p.149.

3 Perry Anderson, "The Affinities of Norberto Bobbio", in *New Left Review*, n.170, julho-agosto de 1988, posteriormente incorporado a *A Zone of Engagement*, London: Verso, 1992. [Trad. bras. "As afinidades de Norberto Bobbio", in Perry Anderson, *Zona de compromisso*, trad. Raul Fiker, São Paulo: Editora UNESP, 1996, p.9-66.]

4 "Un carteggio tra Norberto Bobbio e Perry Anderson", in *Teoria política*, V, n.2-3, 1989, p.293-308. Trata-se de quatro cartas, duas de Bobbio e duas de Anderson, escritas entre 3 de novembro de 1988 e 17 de maio de 1989. [Trad. bras. "Correspondência", in *Novos estudos*, Cebrap, n.39, julho 1994, p.97-113.]

que dou da esquerda, e a ausência de realismo, que me teria impedido de levar na devida conta um mundo em que direita e esquerda estão se tornando sempre mais indistinguíveis. No primeiro caso, eu teria sido um realista inconsequente, no segundo, um idealista despreparado. Na primeira vez, tão realista que roubava o chão do meu próprio realismo cheio de veleidades; na segunda vez, tão idealista que não teria percebido que os fatos nus e crus não me davam razão.

Confesso-lhe que tenho dificuldade de compreender como ainda se pode, por um lado, defender a distinção entre direita e esquerda num período histórico em que direita e esquerda parecem convergir reciprocamente na ação política concreta e, por outro lado, aceitar o convite final que o senhor faz para que se lute para impedir que a esquerda – a "verdadeira" esquerda – seja derrotada, sem apelar para valores ideais e, digamo-lo logo com franqueza e sem falsos pudores, para as malditas ideologias.

O valor ideal à base do qual distingui a esquerda da direita é o da igualdade. O senhor compreendeu perfeitamente isso, quando, ao final de seu texto, afirma que minha defesa da esquerda é *purely axiological*. Nos últimos séculos, o que tem distinguido a esquerda em todas as suas formas – tanto as "funcionalmente positivas" quanto as "funcionalmente negativas" – é aquilo que costumo definir como "*ethos*" (que também é "*pathos*") da igualdade. Não se trata de uma invenção minha. Em meu livro, limitei-me a recolher e resumir uma communis opinio da literatura referente a ambos os polos. Prestando particular atenção nos autores italianos contemporâneos, analisando e anotando diversos escritos que enfrentaram o mesmo tema, pude registrar uma consolidada tradição de pensamento favorável ao critério por mim adotado. Não tenho qualquer motivo para mudar de ideia, depois de ter continuado a anotar e a analisar escritos que defendem e promovem ideias de esquerda e escritos opostos, que defendem e promovem ideias de direita. Limito-me a citar o que disse Michael Walzer ao final de uma entrevista publicada na revista *Reset*: depois de ter observado que existe "uma tendência constante das sociedades a produzir hierarquias e desigualdades", Walzer afirma que "este é o desafio da esquerda". E esclarece: "A esquerda foi feita para isto, sua tarefa é a de combater e periodicamente corrigir as novas formas de desigualdade e de autoritarismo continuamente produzidas pela sociedade".[5]

O *ethos* da igualdade inspirou tanto a Revolução Russa quanto as social-democracias europeias. A história do socialismo é em grande parte a história dos ideais igualitários a serem perseguidos, seja por meio da abolição integral da propriedade privada, considerada já por Rousseau como a causa principal da "*inégalité parmi les hommes*", seja por meio de políticas implementadas com o propósito de promover a justiça social através de diversas formas de distribuição da renda. Até mesmo no programa eleitoral de Tony Blair, provavelmente desaprovado pelo senhor, pode-se ler: "O desafio diz respeito a uma nova reflexão sobre a igualdade (...) no momento em que as desigualdades sociais parecem estar em aumento".[6] Tudo indica, portanto, que a primeira preocupação de um partido que continua a se considerar de esquerda seja a do "aumento" das desigualdades, ainda quando esse partido – como o senhor mesmo pensa, junto com tantos outros críticos de esquerda e simpatizantes de direita – desenvolve na prática uma política de direita (tanto que se mostra capaz de atrair, como fiquei sabendo ao ler um jornal italiano, as simpatias do presidente da Fiat, Cesare Romiti).[7]

Trata-se por certo de uma reforma modestíssima, mas a proposta de transformar ou eliminar a Câmara dos Lordes não é uma proposta igualitária? Por acaso essa proposta

---

5 M. Walzer, "Il doppio dissenso di *Dissent*", in *Reset*, n.43, dezembro de 1997, p.36.

6 Tony Blair, *Il nuovo Labour*, org. de Marina Calloni, I libri di Reset, 1997, p.12-3.

7 "Romiti: in politica scelgo Blair", entrevista concedida a Gian Antonio Stella, in *Corriere della Sera*, 30 de janeiro de 1998, p.7.

Direita e esquerda

não é feita por um partido que continua a se considerar de esquerda e a vê como estando de acordo com o próprio programa? Não é talvez a abolição de um privilégio? A abolição dos privilégios não se inspira naquela paixão igualitária que distinguiu a esquerda no decorrer de toda sua história? No mesmo programa, leio que um governo trabalhista deveria promover um sistema escolar e universitário mais "igualitário".[8] Também essa não é uma tradicional exigência da esquerda?

O senhor tem completa razão em objetar que não há qualquer relação entre a igualdade comunista e a igualdade social-democrática. Mas, como o senhor sabe, procurei explicar que a palavra "igualdade" não significa nada se não se define "entre quem, em relação a que e com base em quais critérios".[9] Disso deriva que são inúmeras as formas de distribuição que podemos chamar de igualitárias, ainda quando sejam diversas e produzam resultados bem diversos entre si.

Não poderíamos obter uma prova mais eficaz desse *ethos* da igualdade, como característica da esquerda, do que a defesa intransigente do *ethos* (chamemo-lo também assim) da desigualdade, empreendida por um dos escritores mais reacionários surgidos nestes últimos anos, como é o caso de Francis Fukuyama, para quem o fim da história coincide com o triunfo do capitalismo americano nos anos de Reagan e de Bush.[10] Trata-se de um autor que o senhor conhece muito bem e que submeteu a uma ampla e severa crítica num ensaio, ao qual me seria difícil acrescentar qualquer observação mais pertinente.[11] Se não bastasse, numa entrevista recente, concedida a Giancarlo Bosetti, o profeta do fim da história exprime a convicção de

---

8 *Il nuovo Labour*, op. cit., p.13.

9 Ver, no presente volume, supra, p.112-3.

10 Ver a crítica das teorias de Fukuyama in Marco Da Ponte (ed.), *Dentro le Nazione Unite*, Roma: Amnesty International, 1996, p.82.

11 Perry Anderson, "The Ends of History", in *A Zone of Engagement*, London: Verso, 1992, p.279-375.

que o colapso do comunismo deve ser interpretado como o sinal definitivo de um erro catastrófico cometido pelos movimentos de esquerda, principalmente pelo comunismo internacional, e também, ainda que de forma menos grave, pelas social-democracias: o erro de acreditar que a igualdade dos homens fosse uma meta meritória e ao mesmo tempo a prova infalível do progresso histórico. Ao contrário, argumenta Fukuyama, a principal causa do progresso histórico seria a desigualdade, não só porque é funcional ao mercado capitalista, mas também porque é em si mesma "justa".[12] A força subversiva dessa tese está no fato de que ela não põe em discussão apenas os meios até agora perseguidos para o alcance do fim, mas também o próprio fim. E faz isso através de dois argumentos, um de filosofia da história, outro ontológico: 1) a história não progride por intermédio de um processo de igualação dos desiguais, mas, ao contrário, por intermédio da luta individual ou coletiva pela supremacia; 2) a aspiração dos homens, interpretada em termos realistas e não utópicos, não é a igualdade, mas a superioridade, por intermédio da competição e da vitória sobre o inimigo.

Não retorno ao assunto, até mesmo porque, como disse, seu ensaio "The Ends of History", que eu não conhecia quando respondi a Bosetti, faz uma crítica ao pensamento de Fukuyama muito mais profunda do que eu seria capaz de fazer. Gostaria apenas de acrescentar que é completamente equivocada a interpretação da famosa dialética "Senhor-Escravo" de Hegel que Fukuyama extrai do célebre comentário de Kojève. Nesse comentário de Kojève, o conflito entre o Senhor e o Escravo não termina, como pensa Fukuyama, com a vitória do Senhor, mas com a vitória do Escravo, graças à sua atividade específica que é o trabalho: "O Senhor jamais pode se afastar do Mundo em que vive; se este Mundo perece, perece com ele. Apenas o Escravo pode transcender o Mundo dado (submetido ao

---

12 A entrevista de Fukuyama foi publicada em *L'Unità*, 4 de dezembro de 1997, p.4.

Senhor) sem perecer... Transformando o Mundo mediante o trabalho, o Escravo transforma a si próprio e cria assim as novas condições objetivas que lhe permitem retomar a Luta libertadora pelo reconhecimento, que ele, ao início, por temer a morte, havia recusado".[13] Afirmar que a supremacia do Senhor deriva da capacidade de enfrentar a morte é algo que entra em contradição com aquilo que podemos constatar quase diariamente nas guerras de hoje: quem enfrenta o supremo risco da morte não é o Senhor, mas o Escravo, que, em obediência ao Senhor, faz de si mesmo – de seu próprio corpo, transformado em projétil vivo – um instrumento de morte.

Ao refutar as ideias tão declaradamente equivocadas de Fukuyama, o senhor escreve algumas páginas sobre a esquerda e seus ideais, que me permito considerar como a mais precisa confirmação daquela interpretação puramente "axiológica" da esquerda que o senhor, ainda que me questionando duramente, expõe e ilustra bem melhor do que eu. Depois de sustentar que a cultura da esquerda está longe de ter sido demolida pelo colapso do comunismo soviético ou pelas dificuldades da social-democracia ocidental, o senhor observa que a vitalidade da tradição socialista continua a jorrar de muitas fontes. Critica a excessiva confiança no mercado, afirmando que as forças do mercado oferecem "*no solution*" para as dificuldades atuais do capitalismo, e, ainda mais, que "*the global consequences of their spontaneous development are the visible refutation of Austrian conceptions of it as a beneficent catallaxy*".[14] Conclui, por fim, que as grandes tensões internacionais poderiam criar um novo programa de "reconstrução social". Se essa reconstrução pudesse responder efetivamente às

---

13 A. Kojève, *Introduzione alla lettura di Hegel*, Milano: Adelphi, 1996, p.43.

14 "The Ends of History", op. cit., p.363. [Em inglês, no original: "as consequências globais de seu desenvolvimento espontâneo são a refutação visível da concepção austríaca do capitalismo como uma benéfica catalepsia". (N. T.)]

atuais tensões, *"socialism would not so much be succeeded by another movement, as redeemed in its own right as a programme for a more equal and livable world"*.[15]

Creio ter compreendido que o senhor, mostrando levar bem a sério autores que defendem teses que deveriam servir para refutar as minhas, quis colocar-me à prova – a cavalo do tigre, como se diz. São de fato teses que também o senhor demonstra não compartilhar e sobre as quais manifestou as mesmas perplexidades que eu. Refiro-me em particular à crítica da virtude salvacionista do mercado, da qual a direita se faz promotora e que é o principal tema de confronto e de diferenciação entre direita e esquerda. A esse propósito, gostaria de me referir mais uma vez ao excelente livro de Albert Hirschman sobre a retórica da reação.[16] Os reformadores, sobretudo quando pensam que podem intervir para modificar ou corrigir aquilo que é natural e, enquanto natural, espontâneo, sempre se equivocam: imaginam agir pelo bem da sociedade e produzem o efeito oposto, pensam ter introduzido mudanças úteis ao passo que as coisas permanecem como eram antes; chegam mesmo a colocar em risco metas já alcançadas. Ofuscados por seus próprios preconceitos, não se dão conta, a partir de uma análise das coisas deste mundo, que há males que vêm para o bem, que *"plus ça change, plus c'est la même chose"*,[17] que não se podem fazer omeletes sem quebrar os ovos, para falar com provérbios e frases feitas, repetidas à exaustão.

Não estou dizendo que os argumentos ditados pela paixão em favor da igualdade sejam irrefutáveis, mas o fato é que nenhum deles, até agora, conseguiu me de-

---

15 Ibid., p.375. [Em inglês no original: "o socialismo seria não tanto sucedido por um outro movimento, mas redimido por suas próprias virtudes como um programa para um mundo mais igual e mais vivível". (N. T.)]

16 Ed. bras. *A retórica da intransigência: perversidade, futilidade, ameaça*. Trad. Tomás Bueno Rosa, São Paulo: Companhia das Letras, 1992.

17 [Em francês, no original: "quanto mais se muda, mais se tem a mesma coisa". (N. T.)]

Direita e esquerda

monstrar que as desigualdades entre os homens são apenas naturais e portanto incorrigíveis ou que as desigualdades de classe teriam sido canceladas por uma mais avançada igualação das rendas. Uma esquerda que se deixa encantar por tais argumentos já está derrotada antes da luta. Se tais argumentos, que o senhor me opõe, fossem na verdade irrefutáveis, a esquerda já estaria morta e sepultada, ou deveria depor as armas sem quaisquer honras militares.

Na realidade, o principal argumento de sua crítica é outro. Refiro-me ao início de seu texto, quando, apelando para o meu realismo, o senhor me põe diante do *external context*. Mas como não perceber que os partidos de esquerda ora no governo, como na Inglaterra, na França e mais recentemente na Itália – onde as primeiras medidas em favor da desregulamentação do pequeno comércio foram tomadas por um governo de esquerda –, praticam a mesma política da direita? Dou-me conta perfeitamente disso. Uma esquerda que faz a mesma política da direita tornou-se matéria e passatempo do debate público diário. Um de nossos mais lidos escritores políticos de esquerda, Marco Revelli, deu a um de seus recentes livros (1996) o não ambíguo título de *Le due destre*.[18] Ele argumenta que, dessas duas direitas, uma tenta se fazer passar por esquerda mas é na realidade uma direita tecnocrática, e a outra – que pretende possuir com exclusividade o nome de direita – é simplesmente uma direita populista. O que Revelli deseja demonstrar não é que, dada a presença dessas duas direitas na cena política italiana, não existiria mais espaço para uma esquerda ou que não haveria mais como distinguir a esquerda da direita. Ele apenas deseja sublinhar que os alinhamentos políticos e sociais tradicionalmente definidos como de esquerda sofreram uma grande derrota. Teriam sido eles derrotados para sempre? Quem desejar obter uma resposta apaixonada e documentada para essa questão pode se dirigir a um livro ainda mais recente do

---

18 M. Revelli, *Le due destre*, Torino: Bollati Boringhieri, 1996.

próprio Revelli, *La sinistra sociale. Oltre la civiltà del lavoro* [*A esquerda social. Além da civilização do trabalho*].[19] Aqui, a derrota histórica do socialismo em todas as suas formas é analisada no longo prazo e no espaço mundial. Apesar disso, porém, o autor reitera que a esquerda – vista em seu significado ideal de luta pela emancipação dos homens e das mulheres – continua bem viva, a ponto de ainda constituir uma ideia reguladora do movimento histórico. Teriam as razões da esquerda desaparecido unicamente porque a direita, hoje e talvez ainda por um longo período, venceu e obriga os partidos de esquerda a aceitar suas condições? Mas não são essas mesmas condições que criam novas desigualdades destinadas a impor novos desafios para a esquerda? E pode a esquerda recompor-se e retomar a luta sem apelar para princípios ideais? E quais são esses princípios senão aqueles que o senhor resumiu rapidamente, quando falou dos ideais de "um mundo mais igual e mais vivível"?

Pergunto-me ainda se é mesmo verdade que a contraposição entre direita e esquerda se esgotou na realidade que temos diante dos olhos. Confesso candidamente que, em minha vida cotidiana, ao menos num país como a Itália, não constato nada disso. Fico quase tentado a dizer que, ao menos nas rixas cotidianas entre representantes de uma e de outra, a contraposição nunca foi tão evidente e surpreendente como hoje. Nunca como nesses últimos anos, desde que a direita ergueu a cabeça, os suspeitos de serem de esquerda foram tão atacados e insultados como inimigos da pátria. A esquerda é vista sempre mais como o "vulto demoníaco do poder" (refiro-me ao livro de Gerhard Ritter, *Die Daemonie der Macht*, de 1947), do mesmo modo que a direita era vista pela esquerda emergente depois da queda do fascismo. Toda manhã escuto um programa de rádio em que são lidas e comentadas as notícias. Por mais que os locutores se esforcem para fazer uma apreciação

---

19 M. Revelli, *La sinistra sociale. Oltre la civiltà del lavoro*, Torino: Bollati Boringhieri, 1997.

Direita e esquerda

a mais neutra possível, percebo logo, sobretudo nas respostas dadas aos ouvintes, quando o jornalista é de direita ou de esquerda. Mas como, se já não há mais nenhuma diferença entre esquerda e direita? A resposta não é muito difícil: as razões para que se diferencie a esquerda da direita com base no critério "axiológico", que eu invoquei até agora, não são apenas aquelas que parecem canceladas pela aceitação dos efeitos benéficos do livre mercado pela esquerda. Há muitas outras razões para isso.

Um dos problemas mais dramáticos que nossos países devem enfrentar, e que se evidenciou com toda a gravidade na Itália nos últimos anos, é o da amplitude e da continuidade da imigração de pessoas dos países do Terceiro Mundo e da Europa Oriental, em busca de trabalho.

No que diz respeito à política a ser desenvolvida para esses imigrantes, a distinção entre direita e esquerda é claríssima: a esquerda é mais inclusiva; a direita, mais excludente, mas a esquerda é mais inclusiva porque é mais igualitária e a direita é mais excludente porque é mais inigualitária.

A campanha eleitoral desenvolvida no ano passado em Turim, cidade onde há grande imigração, teve como tema principal a política a ser praticada em relação aos imigrantes. Felizmente, venceu a esquerda. A direita tinha entre seus apoiadores pessoas que achavam que o melhor modo de resolver o problema era embarcar os hóspedes indesejáveis num avião e mandá-los de volta para seus países. Para dar um outro exemplo, pequeno mas significativo: poucos meses atrás, a administração de esquerda de nossa cidade organizou uma cerimônia pública para estabelecer um acordo de cidades-irmãs entre Turim e a maior cidade da Guatemala, Quetzaltenango, cujo prefeito era de origem maia, na presença e em homenagem a Rigoberta Menchu, ganhadora do Prêmio Nobel. Pois não é que nenhum dos representantes de direita compareceu ao evento? Não estou fugindo do assunto. Há muitos outros temas além dos conflitos de classe que engendraram, no século passado, a grande divisão entre direita e esquerda.

Passo por cima da consideração de que os próprios conflitos de classe de modo algum desapareceram, mas se transferiram do interior dos Estados capitalistas para a relação entre as classes dominantes dos países ricos e o proletariado dos países pobres ou, com outras palavras, para a relação entre centro e periferia do centro, de um lado, e centro do centro e periferia da periferia, de outro. Tal conflito nem sequer desapareceu por completo no interior dos próprios países do centro, não obstante o conselho que se pode ler num artigo publicado na *Business Week*, citado por Noam Chomsky, sugerindo que os trabalhadores adotem a mentalidade do "estamos todos no mesmo barco".[20]

Estou bem consciente de que o desafio decisivo para a sobrevivência e o renascimento da esquerda é o que está sendo imposto pela vitória da economia de mercado sobre a economia planejada. Reconhecer a derrota, todavia, não significa renunciar definitivamente à luta, como o senhor me convida a refletir ao final do seu artigo. Não foi o senhor mesmo quem afirmou que há problemas que o mercado não pode solucionar? Não poderíamos acrescentar a isso que não há problema que possa ser deixado exclusivamente à solução do mercado? A esquerda está desafiada pelo tema do mercado e de seus limites, hoje como ontem, hoje talvez mais do que ontem. Podemos deixar às encíclicas e aos documentos pontifícios, ou aos discursos do cardeal Martini, arcebispo de Milão,[21] a tarefa de denunciar os graves delitos cometidos por um capitalismo que, ao proclamar o fim da história, pretende caminhar triunfalmente sem oposição? É possível que a

---

20 *Business Week*, 23 de maio de 1994, citado in Noam Chomsky, *Il club dei ricchi*, Roma: Gamberetti Editrice, 1996.

21 Refiro-me a uma entrevista concedida pelo cardeal Carlo Maria Marini a Igor Man, publicada in *Corriere della Sera*, 21 de dezembro de 1997, p.9, com o título "Liberismo, lo scacco della morale". Uma resenha das opiniões contrárias às declarações do cardeal foi feita por Pierluigi Battista e publicada em *La Stampa*, 23 de dezembro de 1997.

esquerda não tenha nada a dizer sobre a mundialização que despertou os "espíritos animalescos" do capitalismo?[22]

Se por esquerda ainda entendemos o movimento histórico que luta por um mundo "mais igual e mais vivível", a estrada que se mostra aberta diante dela ainda é muito longa, desde que ampliemos nossos horizontes para além das fronteiras de nossos países, como é justo que se faça na época dessa ora exaltada, ora desprezada, globalização. Ouso dizer, ainda que de modo provocativo, que no que diz respeito ao futuro da esquerda a humanidade não chegou de modo algum ao "fim da história", e talvez esteja apenas no começo.

Cordialmente,

Norberto Bobbio
Turim, 15 de fevereiro de 1998.

---

22 G. Ruffolo, "Europa senza soggetto, sinistra senza progetto", in *Sinistra di fine secolo*, I libri di Reset, 1997, p.138.

3
Traduções de Direita e esquerda

Albânia	Foundation Soros, 1997
Alemanha	Wagenbach, 1994
Brasil	Unesp, 1995
Catalunha	Afers, 1999
Croácia	Feral Tribune, 1998
Dinamarca	Hans Reitzels Ferlag, 1995
Eslovênia	Sredisce, 1995
Espanha	Santillana, 1995
	(ed. pocket, 1998)
França	Editions du Seuil, 1996
Grécia	Polis, 1995
Inglaterra e língua inglesa	Polity Press, 1996
Japão	Ochanomizu, 2000
Polônia	Znak, 1996
Portugal e ex-colônias africanas	Editorial Presença, 1994
República Tcheca	CDK, 2003
Romênia	Humanitas, 1998
Sérvia	Narodna Kniga, 1998
Suécia	Atlas, 1999
Turquia	Dost, 1999

SOBRE O LIVRO

Formato: 12 x 21 cm
Mancha: 20,6 x 43 paicas
Tipologia: Garamond 10/13
Papel: Off-white 80 g/m² (miolo)
Cartão Supremo 250 g/m² (capa)
3ª edição: 2012

EQUIPE DE REALIZAÇÃO

Capa
Estúdio Bogari

Edição de Texto
Fernanda Spinelli Rossi (Preparação de Original)
Nelson Luis Barbosa e
Ana Luiza França (Revisão)

Editoração Eletrônica
Vicente Pimenta (Diagramação)

Rua Xavier Curado, 388 • Ipiranga - SP • 04210 100
Tel.: (11) 2063 7000
rettec@rettec.com.br • www.rettec.com.br